助推地方脱贫 攻坚乡村振兴

ZHUTUI DIFANG TUOPIN GONGJIAN XIANGCUN ZHENXING

——市校合作的开封模式

中国农业大学开封实验站　组织编写

中国农业科学技术出版社

图书在版编目（CIP）数据

助推地方脱贫 攻坚乡村振兴：市校合作的开封模式 / 中国农业大学开封实验站组织编写. --北京：中国农业科学技术出版社，2021.7

ISBN 978-7-5116-5380-2

Ⅰ. ①助… Ⅱ. ①中… Ⅲ. ①农村－社会主义建设－研究－开封 Ⅳ. ①F327.613

中国版本图书馆 CIP 数据核字（2021）第121490号

责任编辑 姚　欢
责任校对 马广洋
责任印制 姜义伟　王思文

出 版 者 中国农业科学技术出版社
北京市海淀区中关村南大街12号　　邮编：100081
电　　话（010）8210 6631（编辑室）（010）8210 9702（发行部）
（010）8210 9709（读者服务部）
传　　真（010）8210 6631
网　　址 http://www.castp.cn
经 销 者 各地新华书店
印 刷 者 北京捷迅佳彩印刷有限公司
开　　本 170 mm × 240 mm　1/16
印　　张 5.25　彩插24面
字　　数 140千字
版　　次 2021年7月第1版　2021年7月第1次印刷
定　　价 60.00 元

助推地方脱贫　攻坚乡村振兴

——市校合作的开封模式

编辑委员会

中国农业大学开封实验站　组织编写

序言

市校合作的开封模式，即以农业研究领先的高校（中国农业大学）与典型的中原农区（开封）建立合作共同体，以共建现代农业示范工程、提高农业和农村现代化水平为重点，通过高校的人才、技术、信息优势与地方农业资源、劳动力资源优势相结合，形成高校对地方的人才支持、技术支撑、信息帮助，地方为高校提供锻炼人才、技术应用、成果转化的平台和实训基地的资源共享、优势互补，努力实现农业高校服务中原农区、破解“三农”问题的合作模式。

开封市地处中原腹地、黄河之滨，是一个典型的平原农业大市，有丰富的农业资源优势。但由于经济发展相对滞后、科技人才匮乏、信息发展缺失等原因，如何将开封市的农业优势有效转变为经济发展优势、如何发展现代农业和促进农民增收，成为开封市委市政府亟待解决的重要议题。

中国农业大学作为我国现代农业高等教育的起源地、农业科研的领头羊，有着独特的技术、人才、科研、信息等优势，为“三农”事业发展作出了卓越贡献。正由于有潜力可挖，有优势互补的客观条件，为充分发挥科研院校的科技引领力量，让科研成果真正在农村的土地上开花结果，二者结合起来，在人才培养、技术支持、信息交流、科研示范等方面开展了全方位的合作，取得了显著的经济和社会效益，很好地实现了资源共享，首创了我国农业最高学府与典型中原农区合作的新模式。

自2003年8月起，中国农业大学与开封市人民政府进行了“市校合作”，开封市先后引进5批次15位具有博士学位的一线优秀专家、教授来开封挂职工作，担任副市长、市长助理、副秘书长或副县（区）长，就高校利用科技优势参与支持新农村建设和发展现代农业新局面大胆探索，通过专家咨询、产业规划、项目支持、技术培训、信息交流、科研示范、人才培养等多种形式，全方位开展新农村建设与建设现代农业产业试点和示范。

为巩固合作成果、拓宽合作领域、丰富合作内容、转变合作方式，2010年10月17日，中国农业大学与开封市人民政府正式签订了中国农业大学开封实验站共建协议。按照“人才培养、科学研究、成果转化、社会服务”的建站宗旨，立足农业科技前沿，紧密结合当地经济发展的需求，力争使实验站成为立足开封、辐射周边、面向中原及黄淮海地区的永久性现代农业科学综合试验与示范基地，促进地方及中原农村经济社会又好又快发展。

实验站目前已获批教育部、农业农村部中国农业大学豫东棉花农科教合作人才培养基地、河南省植物分子生物学院士专家工作站、河南省产业技术创新平台、河南省新型研发机构、开封市科普教育基地、开封市新型研发机构等荣誉称号。承担了国家973、863、科技支撑计划、国家自然科学基金和重点研发计划等各类项目的研究任务，内容涉及水稻、小麦、玉米、棉花等多种作物的栽培、遗传育种、分子生物学技术及有害生物监测预警和防控。

本书从市校合作的历史沿袭、挂职教授及其所做贡献、实验站目前承担科研任务以及实验站模式等方面详细介绍了中国农业大学和开封市人民政府共同创造出的市校合作“开封模式”。通过教授挂职和平台建设，走出了一条解决中原经济欠发达地区人才和技术瓶颈的新路子，走出了一条农业高校服务于地方经济建设的新路子。

开封要加快发展，实现复兴，是新时期赋予开封市委、市政府光荣而艰巨的历史使命，这就更需要包括中国农业大学在内的各方面朋友的关心和支持，需要与中国农业大学建立更广泛、更深入的合作。在新的一年里，市校合作之路越来越宽广坚实，市校合作之硕果越来越多的展现在中原大地，让我们携起手来，不断加深合作，增进友谊，做出新的更大的成绩，助力开封市经济发展，造福农业农村农民，续写市校合作共建的新篇章！

开封市委常委、宣传部长

2020年1月

前 言

为贯彻落实中共河南省委关于人才和科技工作的指导方针，结合开封市发展现代农业的实际，在中共开封市委和市政府的直接领导下，科学谋划，精准施策。自2003年8月起，建立了与中国农业大学的长期务实合作，充分利用中国农业大学在现代农业科技领域拥有的高端专业人才和科技成果的雄厚资源，中国农业大学与河南省开封市人民政府进行了“市校合作”，先后引进5批次15位具有博士学位的一线优秀专家、教授到开封挂职工作，担任副市长或副县（区）长，就高校利用科技优势参与支持新农村建设和发展现代农业新局面大胆探索，通过专家咨询、产业规划、项目支持、技术培训、信息交流、科研示范、人才培养等多种形式，全方位开展新农村建设与建设现代农业产业试点和示范。

2009年7月22日，为巩固合作成果、拓宽合作领域、丰富合作内容、转变合作方式，市校主要领导再次签订合作协议，明确提出在开封建立“中国农业大学开封实验站”，主要承担双方今后长期合作的各项任务。2010年10月17日，中国农业大学时任副校长孙其信与开封市副市长王载飞正式签定了中国农业大学开封实验站共建协议，其中明确实验站为中国农业大学和开封市共建单位，是开封市直属事业单位，由市校双方按照1：1比例共同出资建设，单位固定编制6人。就开创开封市新农村建设和现代农业新局面大胆实践，通过人才培养、技术支持、信息交流、项目引进、科研示范等多种形式，探索和实践了农业最高学府与典型中原农区合作的“开封模式”，走出了一条农业高校服务地方、经济建设、服务社会的新路子。该模式发挥了学者的专业优势，给地方带来了新思想、新思路与新理念。市校合作在破解“三农”难题，探索跨越式发展现代农业的有效模式进程中取得了显著的社会和经济效益。

由于水平有限，书中不足之处在所难免，敬请读者批评指正。

编者

2021年3月

目录

第一部分
挂职锻炼开启脱贫攻坚新征程

一、合作起源

（一）雄厚的技术支撑——中国农业大学

中国农业大学是国家“211工程”和“985工程”重点建设的教育部直属高校。

中国农业大学是我国现代农业高等教育的起源地，其历史起自1905年成立的京师大学堂农科大学。1949年9月，由北京大学农学院、清华大学农学院和华北大学农学院合并为北京农业大学。1952年10月，北京农业大学农业机械系与中央农业部机耕化农业专科学校、华北农业机械专科学校、平原省农学院合并成立北京农业机械化学院，1985年10月更名为北京农业工程大学。1995年9月，北京农业大学与北京农业工程大学合并成立中国农业大学。长期以来，中国农业大学的建设与发展得到了国家的高度重视，学校于1995年进入首批国家“211工程”建设行列，于2004年被确定为“985工程”重点建设的高水平研究型大学，2017年入选一流大学建设高校（A类）。

历经百年的风风雨雨，中国农业大学已经发展成为一所以农学、生命科学、农业工程和食品科学为特色和优势的研究型大学，形成了特色鲜明、优势互补的农业与生命科学、资源与环境科学、信息与计算机科学、农业工程与自动化科学、经济管理与社会科学等学科群。

学校共设有19个学院，涉及农学、工学、理学、经济学、管理学、法学、文学、医学、哲学等9大学科门类；设有本科生院、研究生院、继续教育学院和体育与艺术教学部。在第四轮一级学科水平评估中，6个一级学科获评A+，获评A+的学科数量在全国高校中排名第六位；拥有3个国家级重点实验室，1个国家工程实验室，2个国家工程技术研究中心，1个国家级国际联合研究中心，93个省部级重点实验室（中心、基地）；1个国家野外科学观测研究站，8个省部级野外科学观测实验站。

中国农业大学拥有一支实力雄厚、结构合理的师资队伍。现有专任教师1 860人，其中教授（含研究员）672人、副教授（含副研究员）917人。研究生导师1 406人，其中博士生导师904人。学校有中国科学院院士5人、中国工程院院士8人，“国家杰出青年科学基金”获得者45人，优秀青年科学基金获得者32人，“百千万人才工程”国家级人选27人，享受政府特殊津贴专家72人。聘请了包括诺贝尔生理或医学奖获得者、“DNA之父”James Watson和我国杰出的农业科学家、杂交水稻之父袁隆平院士在内的一批国内外著名学者担任名誉教授。

中国农业大学具备培养学士、硕士、博士的完整教育体系。学校拥有19个博士后流动站，21个博士学位授权一级学科，32个硕士学位授权一级学科，13种专业学位类型，20个专业学位领域，66个本科专业。全日制本科生12 182名，全日制研究生8 930名，其中全日制硕士研究生5 086名，全日制博士研究生3 844名；在站博士后研究人员260名。

中国农业大学坚持“德才兼备、全面发展、通专平衡、追求卓越”的人才培养理念，培养德智体美劳全面发展，具有宽厚的人文与自然科学基础、扎实的专业知识与实践技能、富有创新精神与能力的拔尖创新人才和行业领军人才。学校大力推进专业认证工作，牵头制定国家农学门类专业认证标准，成为涉农专业建设标准的制定者。农学专业率先通过国家农科专业（第三级）认证；植物保护、园艺2个专业率先通过中俄联合认证；农业水利工程、水利水电工程、车辆工程、电气工程及其自动化4个专业通过工程教育专业认证。学校拥有3名国家高层次人才特殊支持计划教学名师、2名国家级教学名师和40名北京市教学名师，5个国家级优秀教学团队、10个北京市优秀教学团队和1个北京高校优秀本科育人团队。学校积极推进一流本科专业建设，15个专业入选首批国家一流本科专业建设点，5个专业入选北京市重点建设一流专业。此外，拥有14个国家级特色专业、10个省部级优势专业和10个“卓越农林人才”计划专业。学校拥有2个国家理科基础科学研究和教学人才培养基地、1个国家生命科学与技术人才培养基地和2个国家人才培养模式创新实验区。学校不断深化教学内容和教学方法改革，建成了23门国家精品课程、15门精品资源共享课、2门精品视频公开课、9门国家精品在线开放课程、25门北京市精品课程和5门北京市优质本科课程；122项教材入选国家级“十一五”规划教材；17项教材入选国家级“十二五”规划教材；进一步加强实验室、实习基地建设，拥有3个国家实验教学示范中心、3个国家级虚拟仿真实验教学中心和7个北京市实验教学示范中心；通过强化实践创新能力培养，构建了创新人才培养体系，为开展高水平的研究性教学奠定了良好的基础；大学生科技创新活动活跃。近5年来，学校本科生在各类创新项目的支持下，共发表高水平论文489篇，其中SCI 162篇，EI 33篇，CPCI 2篇，CSCD 39篇；学生申请专利及软件著作权150项，其中发明专利17项，实用新型专利74项，外观设计专利2项，软件著作权57项；学生获得省部级及以上级别学科竞赛2 740项。深入推进研究生教育教学改革，服务国家战略需求和经济社会发展，不断提高研究生培养质量，全面实施博士生“申请考核制”；进一步完善研究生学位论文的质量保障体系，促进学位论文的质量不断提高。学校总计有23篇博士学位论文入选“全国优秀博士学位论文”，在全国高校中位居前列。学校已培养了13万余名合格的毕业生，取得了一大批教育教学成果，以优异的成绩通过了教育部本科教学工作水平评估，办学质量和办学水平得到了社会各界的广泛认可。2019年，学校本科毕业生

2 802人，硕士毕业生1 854人，博士毕业生701人。

中国农业大学围绕人类营养与健康，以国家农业科技重大需求和国际学术前沿为导向，开展高水平科学研究、社会服务和文化传承与创新。在生物育种、健康养殖、兽医公共卫生安全、农业绿色发展、农业工程、食品制造、中国农业农村发展与全球食物安全等领域的研究居国内外领先水平。石元春院士主持完成的“黄淮海平原中低产地区综合治理的研究与开发”研究成果曾获国家科技进步特等奖。先后有27篇高水平研究论文在国际著名杂志*Science*、*Cell*、*Nature*和*Nature Genetics*上发表，奠定了学校在基础研究方面的领先地位。近5年来，主持国家重点研发计划项目29项，主持国家社会科学基金重大项目3项，教育部哲学社会科学研究重大课题攻关项目1项；有国家现代农业产业技术体系首席科学家6名；获国家级科技奖励31项，其中主报15项，获省部级科技奖励187项。在基本科学指标（ESI）学科评价中，学校的农业科学、植物与动物科学、环境/生态学、生物学与生物化学、化学、微生物学、工程学、分子生物学与遗传学、社会科学总论和药理学与毒理学10个学科和所有学科论文总引用量进入了全球前1%，其中农业科学、植物与动物科学两个学科的总引用量保持在全球前1‰。社会服务工作围绕国家重大战略和区域经济社会发展，以顶层设计、统筹布局、引领带动的工作思路，探索科技服务地方的新机制和新模式。学校已与十余个省、自治区、直辖市和百余个地市签署了合作协议，在全国27个省建设综合实验站27个、产业研究院2个、教授工作站72个，支撑了地方经济的发展，提升了农业科技水平，加快了农业产业化进程；学校积极与地方政府和企业开展政产学研用合作，通过科技成果转让、技术实施许可、作价入股等方式，推进科技成果转移转化，为企业科技创新提供动力，学校的专利成果和实用技术覆盖全国绝大部分省市，一批重大科技创新成果成为相关行业的主导技术；学校开展面向新型农场主、农业经营管理人才、基层农业干部、基层技术人员、职业农民和创业者及跨界投资者等的农业科技培训和服务，达到5.5万人次/年，有力地推动了学校科技推广和成果转移转化工作的开展。

国富民殷、强农为本。解民生之多艰，育天下之英才，是中国农业大学百年不变的追求。数代中国农业大学人情系乡土，忧患苍生，为实现中国人千百年来的温饱和富庶之梦不遗余力，与祖国和人民保持着最紧密的血肉联系，形成了学校特有的勤勉持重、爱国忧民的精神传统和严谨求实、厚德博学的办学传统。今天的中国农业大学，以习近平新时代中国特色社会主义思想为指导，以培养“三农”人才、提升农业科技水平为己任，保持农业优势学科，发展多种新兴学科，同瞬息万变的世界紧密相连，与日新月异的科技同步发展，朝着建设中国特色、农业特色的世界一流大学目标阔步迈进。

（二）历史文化名城——开封汴梁

开封市地处中原腹地、黄河之滨，是中国八大古都之一、中国历史文化名城、中国优秀旅游城市、中国菊花名城、中国书法名城、中国收藏文化名城、郑州航空港经济综合实验区主体城市和中原经济区核心城市。全市总面积6 266平方千米，总人口548万人，现辖杞县、通许县、尉氏县、兰考县（省直管县）、祥符区、龙亭区、顺河回族区、鼓楼区、禹王台区和开封市城乡一体化示范区。

开封市承载着厚重的历史。开封市迄今已有4 100余年的建城史和建都史，先后有夏朝，战国时期的魏国，五代时期的后梁、后晋、后汉、后周，宋朝和金朝相继在此定都，素有“八朝古都”之称。在这片历经沧桑的沃土上，开封孕育了上承汉唐、下启明清、影响深远的“宋文化”，更涌现出铁面无私包青天、满门忠烈杨家将、民族英雄岳飞、变法图强王安石、破秦救赵信陵君、画家张择端、文学家蔡邕、诗人阮籍，以及县委书记好榜样焦裕禄、教育家林伯襄、历史学家范文澜、哲学大师冯友兰等名人大家。此外，开封还是著名的戏曲之乡、木版年画艺术之乡、盘鼓艺术之乡，名人文化、宋词文化、饮食文化、黄河文化、府衙文化灿烂悠久。

开封市位于黄河中下游平原东部，地处河南省中东部，东经

113°52′15″~115°15′42″，北纬34°11′45″~35°01′20″，西与省会郑州市毗邻，东与商丘市相连，南接许昌市和周口市，北依黄河与新乡市隔河相望。

开封市属暖温带大陆性季风气候，四季分明，年均气温为14.52℃，年均无霜期为221天，年均降水量为627.5毫米，降水多集中在7—8月。

开封市境内河流众多，分属两大水系。黄河大堤以北滩区为黄河水系，流域面积281平方千米；黄河大堤以南属淮河水系，主要河道有惠济河、马家河、黄汴河、贾鲁河、涡河等，流域面积5 985平方千米。

开封市地势平坦，土壤多为黏土、壤土和砂土，适宜农作物种植，是河南省重要的农业种植区，主要有粮食作物、经济作物、蔬菜、瓜果及落叶乔木等，是全国著名小麦、花生、棉花的重要产区，大蒜产量居全国第二，已形成小麦、花生、无公害瓜果、菊花、畜牧等农业产业链条。

开封市植物资源丰富，陆生植物和水生植物有800余种；动物种类繁多，主要有猪、牛、羊、驴、鸡、鸭、鹅、兔及鱼类、鸟类等饲养动物，以及60余种野生动物，开封是河南省重要的猪、牛、羊繁育基地，“开封黄河鲤鱼”被誉为“鱼之上乘”，驰名中外。

（三）科技与农业的碰撞融合——强强联合，共促发展

开封市作为农业主产区，农业资源丰富，农业发展潜力巨大。但中华人民共和国成立后经济发展较慢，农业长期徘徊于低水平传统农业格局，发展现代农业和农民增收成为市委和市政府破解“三农问题”面临的首要任务，如何将开封市的农业优势有效转变为经济发展优势是市委市政府亟待解决的重要议题。开封市委、市政府研究决定首先要解决的是人才与技术保障，而中国农业大学是国家“211工程”和“985工程”重点大学，是拥有现代农业科技的百年老校，在农业与生物技术、农产品安全与食品加工、环境建设与区域规划等涵盖现代农业所有学科领域具有高水平、实用型的国家级科研成果和一大批

尖端高级农业人才。

正由于有潜力可挖、有优势互补的客观条件，市校双方领导把“市校合作”提到“科技兴农”的战略高度来认识，共同探索改造传统农业，发展现代化农业破解“三农”的成功之道，为实现跨越式发展现代农业提供有力的智力、科技与信息支撑。市校合作自筹划启动之日起便得到双方领导高度重视和大力推动，为共同搭建起一个良好互动的合作平台奠定了重要基础。

双方领导频繁互访，进行认真的考察研究、协商洽谈。河南省委、省政府领导亲自过问、关心和指导；开封市委书记、市长多次亲自率队赴京协商共建，就建设农业产、学、研教学基地，组织、论证部级重点项目，农业干部进行科技、教育培训，智力支持与项目引进等达成多项合作共识。

2003年8月8日，时任河南省委书记李克强同志在郑州市亲切会见了时任中国农业大学党委书记瞿振元、校长陈章良一行。在谈到中国农业大学与开封市开展的“市校合作”时，李克强仔细翻阅了协议有关内容，表示赞许，他尤其对协议中提到的推进农业现代化等内容十分感兴趣。李克强说，开封市与中国农业大学的合作意向很好，希望能够做出好成绩，开封市需要快速起步、发展，尤其是在农业方面，这就要多多依靠中国农业大学的科技力量。

2003年8月9日，开封市市长与中国农业大学校长共同签署《共建开封市现代农业示范工程协议书》。中国农业大学组成了以戴景瑞院士为领队，由院士、教授等专家组成的15人顾问团，赴开封进行考察指导；双方确定了中国农业大学选派一线教师到开封市挂职工作的重要议题，以此为开封市发展现代农业提供人才支持，作为进行科技成果转化和项目引进的有效载体，市校合作就此拉开了序幕。

中国农业大学经过严格的组织程序，选拔一线教授到开封市挂职，时任中国农业大学党委书记瞿振元叮嘱挂职教师，在专业面上要拓宽，要用现代农业观念去引导、改造传统农业，要给开封带去新感觉、新思路，真正为那里的百姓做些实事，为校争光。充分利用自己掌握的农业科学知识，用自己的实际行动认真践行百年中国农业大学“解民生之多艰”的办学传统。

为尽量安排好中国农业大学挂职教师工作，更好地发挥这些科技人才作用，开封市政府千方百计，因人设岗，为他们分别安排了担任科技副市长，或副县（区）长等职务的工作岗位，并决定对中国农业大学在开封做出突出贡献者，根据有关政策给予奖励。

二、把论文写在大地上，教授学者为地方脱贫谋出路

一个是八朝古都、历史文化名城，一个是我国农业领域最高学府、百年名校，双方以一马平川的黄河冲击平原为舞台联袂上演了一出“市校合作”的大戏。从2003年至今，市校双方在人才培养、技术支持、项目对接、招商引资、信息交流和科研示范等方面展开全方位合作，首创我国农业最高学府与典型中原农区合作新模式：以教授团队挂职为纽带，以科技创新为引领，以共建平台为依托，以新农村建设与发展现代农业为内涵，实现了优势互补、资源共享，达到了合作共赢、共同发展的目的。挂职教师通过下基层、解民情、引技术、跑项目、促发展，施展平生所学，用好中国农业大学后方，为开封市经济发展做出了突出贡献。

截至2019年，中国农业大学已外派5批次15位一线教师挂职开封，其中教授、博士生导师3人，副教授11人。

共建与引进项目10余项，如开元名都大酒店、汇源果汁、开封中国农业大学朝来农业有限责任公司、开封龙大植物油有限公司、河南凯奇蒜业有限公司、杀菌剂恶霉灵原药生产线、除草剂烯草酮原药生产线等，过亿元项目3个，总资金达14亿元，已到位资金达10.349亿元，利税数亿元，解决就业岗位近千人。

建设新农村与产业示范基地7处；引进农作物新品种157个；引进食用菊新品种7个，共4.5万株；发展48个老年协会，20个腰鼓队；建设国家级

产业体系研发中心1个，建立农业科技实验站1个；制定产业发展规划与产业发展建议12个，建设农村图书馆4处，捐赠图书8 000余册。

开展调研考察、推广农业技术40多场次；举办学术技术讲座和技术培训60多场次，培训人员10万多人次，其中邀请时任中国农业大学校长柯炳生，中国工程院院士、浙江省农业科学院院长陈剑平在开封市领导干部大讲堂做专题报告，举办了6期农牧业科技培训班，传播国内外先进技术和管理理念，培训1 500多人次。中国农业大学专家组为晋开集团500万亩（1亩≈667平方米）土地流转项目完成了顶层规划设计工作。

挂职教授专家介绍

孙君社　中国农业大学食品科学与营养工程学院。

专业领域：食品加工、食品生物技术。

主要荣誉：主持或参与（完成或正在进行）的国家863、科技攻关及省市级科研项目等20余项，出版专著7部、发表论文100余篇，6篇论文被SCI收录，2篇被SCI、EI同时收录，先后获得专利13项，鉴定成果6项，部分成果国内领先，其中“生物技术在烟草工业中的应用”获得国家烟草总局科技进步二等奖。

2003.9—2007.7 挂职开封市人民政府副市长，负责农业项目开发、农业科技推广及与高校科研院所的联系等方面的工作。

何慧丽　中国农业大学人文与发展学院社会学系。

专业领域：农村社会研究、农民合作与城乡合作、县级治理与乡村建设。

主要荣誉：主讲课程农村社会学获2010年国家级精品课程；获第五届南方农村报·中国农村发展论坛“2009年十大农村治理创新人物”；“依托试验区的试验基地建设与人才培养模式创新研究”，作为主要参与者之一，获2008年北京市教育教学成果（高等教育）一等奖。

2003.9—2005.10 挂职河南省兰考县人民政府副县长；

2005.11—2007.10 挂职河南省开封市禹王台区人民政府副区长；

2007.11—2012.5 挂职开封市人民政府市长助理、河南省兰考县县委常委。

郑志安 中国农业大学工学院。

专业领域：农业产业链工程技术集成、农业装备选型与配置、区域产业规划。

2003.9—2007.9 挂职开封市杞县人民政府副县长。

焦长丰 中国农业大学经济管理学院。

专业领域：粮食供给波动、农村城镇化。

2003.9—2005.7 挂职开封县人民政府副县长。

刘奇志 中国农业大学植物保护学院昆虫学系。

专业领域：昆虫与线虫学研究，害虫生物防治，重茬土壤修复，果、蔬、花、草害虫综合治理。

2003.9—2005.7 挂职开封市通许县人民政府副县长。

凌　刚 中国农业大学工学院。

专业领域：新材料新工艺，太阳能材料及应用。

主要荣誉："超微晶（纳米）软磁材料应用基础研究"，获国家教委科技进步二等奖；"凌刚牌锌基耐磨合金"，获"四川省科技新产品"称号；"自由电子激光在材料动态寿命预测中的应用"，获中国工程物理研究院预研科学基金二等奖。

2003.9—2005.7 挂职开封市尉氏县人民政府副县长，推进了尉氏县鱼鸭混养深加工技术创新，以及销售模式创新。

吴文学 中国农业大学动物医学院。

专业领域：畜禽传染病免疫调控机理研究、传染病诊断技术和疫苗研制。

主要荣誉：参加完成国家攻关项目"阿维菌素制剂的研究与推广"，获北京市科技进步二等奖；参加国务院学位办、教育部研究生工作办公室和中国学位与研究生教育学会联合资助的研究生教育重大研究课题"农林学科研究生教育规模、发展速度与学科结构的研究"获二等奖。

2003.9—2005.7 挂职开封郊区（现金明区）人民政府副区长。

梁宗敏　中国农业大学水利与土木工程学院。

专业领域：建筑工程结构、农业设施工程结构、农业项目规划。

主要荣誉：参与国家级及省部级科研项目10余项，发表论文10余篇，参与编写教材5本，获省部级奖励1项，省部级科技成果完成3项，其他个人奖励6项，专利4项。

2005.11—2007.11 挂职开封市开封县人民政府副县长，协助农业方面相关工作，期间参与开封县涉农项目库建设和政府网站建设，参与开封市杏花营农场农业产业及新农村建设规划，参与开封市农业产业链促进中心规划等相关工作。

覃兆海　中国农业大学理学院。

专业领域：新农药创制；天然产物全合成及结构改造；生物质化学与化工。

2005.7—2007.9 挂职开封市通许县人民政府副县长。

王鹏新　中国农业大学信息与电气工程学院。

专业领域：定量遥感及应用，农业空间信息处理与分析。

2005.10—2007.7 挂职开封市兰考县人民政府副县长并兼任县新农村建设领导小组办公室常务副主任。

李全宏　中国农业大学食品学院。

专业领域：天然功能成分的提取与结构功能鉴定；农产品加工与综合利用。

2007.9—2012.3 挂职开封市人民政府党组成员、市长助理，负责农业项目开发、农业科技推广及与高校科研院所的联系等方面的工作。

马　骥　中国农业大学经济管理学院。

专业领域：农产品市场与政策；农户经济；资源与环境经济。

2007.9—2010.3 挂职开封市开封县副县长。

张泽俊　中国农业大学食品科学与营养工程学院。

2007.9—2014.10 挂职开封市杞县人民政府副县长。

徐志强 中国农业大学植物保护学院。

2007.9—2014.10 挂职开封市通许县人民政府副县长。

马占鸿 中国农业大学植物保护学院。

专业领域：植物病害流行学，宏观植物病理学，应用植物病理学。主持国家自然科学基金、国家科技支撑计划等项目。

三、推动经济发展取得的成效

成效之一：关注民生，探索新时期新农村建设客观规律

“何常委真中！为了俺农民，她进北京卖过大米、到郑州卖过猪肉……她不仅关心俺农民，还费尽心思为俺农民致富出主意、想办法——成立合作社、创立‘购米包地’种植模式，这些创意都是何常委为了俺农民想出来的金点子哩！”在兰考县三义寨乡南马庄村，村民蔡玉凤提起他们的“何常委”赞不绝口。

这个让一个普通村民张口“合作经营”，闭口“生态农业”“有机农业”的“何常委”，就是中国农业大学人文与发展学院在兰考县挂职的县委常委何慧丽。她在兰考县包括南马庄在内6个乡的6个村庄“蹲点”，进行“农民合作自助与城乡互动互助”的新农村建设试验理论和实践探索，实现了统一供种、统一供肥、统一防病、统一加工、统一销售、统一品牌的六统一工程；开展了“社区支持农业”“购米包地”的产销模式，全力打造“合作农民、生态农业、环保农村”的新型村庄。

为探索一条“重生态、重合作、低消耗、高福利”的低碳农村发展道路，她积极推进社区支持农业、构建新型城乡关系的试验与示范；她探索“党政主导、农民主体、社会参与”的农民共同富裕的合作模式，培养农民的市场意识和现代经营理念，具有创新的学术和实

用价值。目前兰考合作社达到280多家，其参加和带动的农户数量在全县农户中占 22.8%。像何慧丽一样，每一位中国农业大学挂职教师都深入基层，勇于吃苦，甘于奉献，展示着新一代知识分子的优秀品质。

成效之二：关注农村精神文明，传播先进文化

在双方领导的直接领导下，关注农村农民的文化与精神生活是市校合作的重要内容，市校合作积极探索在党政主导下经济、社会、文化合作组织“三位一体”的有效途径和典型经验。挂职教师积极组织协调的兰考文艺队和老年人协会已在全县村庄得到普及，其中，优秀文艺队多达156支，优秀老年人协会多达50余个，2个获国家民政部级奖励。

2006年7月25日，由市校联合主办的“大禹论坛”在开封市禹王台公园举行开坛式和首期论坛讨论，主题为“黄河文明与新农村建设”。来自北京、上海、武汉、香港等全国各地的“三农”专家齐聚于此，发思古幽情，论黄河文明，畅谈中原新农村建设，纵论当今“三农”问题；旨在为中原新农村建设“开理论之题，拓实践之路”。

2009年1月17日，中国农业大学“送科技下乡、建农家书屋”活动在开封市兰考县举行，13名大学生将5 000多册科技图书和系列光盘送到兰考县余寨村和仪封乡农民合作联社的群众手中，受到热烈欢迎。

2011年7月，开封市市长助理何慧丽带领30余名中国农业大学师生在尉氏县岗李乡进行调研考察，结合兰考的乡村社会管理实践经验以及借鉴重庆巫溪县“乐和家园”的社会管理建设先进经验，在开封地区农村构建“治理、生计、礼义、养生、生态”五位一体的城乡社区家园。

成效之三：科学谋划“开封现代农业产业体系”

1. 科学规划涉农产业链，推进农业产业化

为实现开封市涉农产业的快速、健康、可持续发展，中国农业大学外派调研人员15批次、参与调查人员100多人次，召开市直涉农单位专题座谈会8次，对全市各县（区）30余家涉农产业部门、20多个种植和养殖基地、10多个农产品、食品加工企业、30多个超市和农贸市场及农业、林业、畜牧业研究单位进行了调研，编撰形成《开封市涉农产业发展战略规划研究》，为建设现代农业示范工程、高科技农业示范园区、小城镇建设、加速城市化等多方面提供智力支持和咨询服务。该报告涉及农林牧三大类14条产业链，提出了3条需要做强的产业链，4条需要培育的产业链，7条需要关注的产业链。这是一份高质量的战略性规划研究报告，对解决开封市的“三农”问题，加快推进农业产业化和现代化起到重要的指导作用。该规划受到市委、市政府高度评价和充分肯定，其重要内容列入开封市“十一五”计划予以实施。

2. 招商涉农龙头企业，布局发展工业化的现代农业之路

规模化的高效农业是现代农业主要特征，挂职教师充分利用自己的专业特长和在行业内的影响力，针对开封市主产花生、大蒜和各类蔬菜等主要农产品，积极组建、引进国家级龙头企业，加快推进农业产业化发展，积极传播现代农业理念。通过双方的努力，2006年组建了“开封中国农业大学朝来农业有限责任公司”，为当地农产品进入北京、走向全国开辟了一个窗口。

在市校领导的直接参与和大力推动下，“汇源果汁”落户开封，成立了北京汇源集团开封有限公司，于2004年2月18日正式投产，已完成4期投资，总投资已达7亿元，年产值达6亿元，累计上缴利税已达1亿元，解决当地就业人员300余人，极大地促进了开封市水果产业和农产品加工业发展。利用当地花生资源开发的花生露深受市场好评，

利用当地蔬菜资源开发蔬菜饮料的产业化工作持续推进。

2010年1月，市校合作引进龙大集团落户开封县，组建的“开封龙大植物油有限公司”，总投资2亿元，日加工花生米800吨，年加工25万吨，产花生油、花生蛋白各10万吨，带动120万亩的花生种植农民增收，花生农户卖花生难问题得到根本解决。该项目于2010年12月正式投产，带动地方就业600人，与中国农业大学共同组建花生产业研发中心，已在杞县、开封注册万亩有机花生产业合作社3个，利用新技术使规模化、标准化有机花生种植成为现实。

为解决好花生产区品种老化、种植与精深加工技术难题，与中国农业大学合作，国家花生产业体系研发分中心于2010年4月落户包公花生油脂股份公司。

2010年8月，市校合作引进河南利华实业发展有限公司投资5亿元，新建的河南凯奇蒜业有限公司，产业化开发开封大蒜产业，中国农业大学提供全方位技术支撑，与河南凯奇蒜业有限公司共建大蒜产业园区，解决品种退化，以及引进先进的种植、精深加工与综合利用技术难题。目前，3万吨冷库已经建成；各8 000平方米的冷冻干燥和热风干燥生产加工车间正在筹建中，预计年加工能力30万吨，带动30万亩大蒜种植农户增收。

市校合作成功获批了2项河南省大蒜科技重点攻关项目，创造了省级重点攻关项目落实到县一级单位的历史记录。

为发展开封传统食品工业化，中国农业大学食品学院提供技术支持的河南烩面工业化加工项目在开封天丰面业公司成功转化即将投入生产。

因此，有龙头企业带动的标准化与规模化的花生、大蒜产业化将在开封得到根本性解决，花生、大蒜销售难题将得到有效缓解。

3. 建设现代农业科技示范区，为区域农业发展提供科技支撑

2010年10月17日，中国农业大学与开封市人民政府共建的“中国农业大学开封实验站”揭牌，双方共同出资，以区域农业需求为导向，以现代农业科技成果的示范展示与推广、人才培养和现代农业科

技创新为主要内涵，为农业创新能力的提升和农民收入的可持续增长提供科技支撑。中国农业大学开封实验站的建立是市校合作7年成效基础上的进一步延伸和拓展，是深化合作方式的新探索，市校合作与共建以技术对接为主体，实现大学与地方科研院所科研基地统筹协调发展，整合产业资源与科研资源，使国家粮食主产区的资源优势与中国农业大学的科技优势相结合，以期在建设中实现优势互补。通过双方努力，将开封实验站建成立足开封、辐射周边、面向中原及黄淮海地区的永久性现代农业科学试验与示范基地；建成农作物有害生物监测预警及可持续无公害控制示范基地；建成中国农业大学教学、科研实习基地和市校人才培养基地。力争通过若干年建设使实验站成为高水平现代农业工程技术研发中心，为开封市农村经济社会又好又快发展做出应有的贡献。

成效之四：挂职锻炼　学以致用

“市校合作”以来，挂职教师对农业、农村和农民有了更深的理解，在对民情和国情的理解中提升责任意识和奉献精神；他们在工作中不断加强学习，提高能力，以良好的精神状态深入基层做调查研究，帮助当地厘清农业发展思路，制定涉农产业发展战略规划，向当地群众传授现代农业科技知识和先进文化；他们利用自己的专业优势以及在行业内的影响力，协助当地有关部门，积极招商引资，指导调整农业结构，组建农产品批发销售市场，以促进农民增产增收；同时，他们还根据当地实际情况认真筛选申报农业科技等方面的项目，争取多方面的资金和技术支持，做了不少实实在在的事情，取得了可喜可贺的成绩，圆满完成了学校交给的任务，并与当地有关部门、广大群众建立了良好关系。同时，他们也在基层工作岗位上积累了经验，增长了才干，进一步锻炼完善了自己。

对市校合作所取得的成绩，河南省及开封市的领导给予高度评价。他们认为，和中国农业大学的合作效果良好，得到了开封人民的广泛赞誉和认可。中国农业大学的挂职教师为开封提供了科技智力支持，不仅带来了现代农业的新理念、科技成果和招商引资项目，还优化了干部人才结构，对开封领导干部的工作、思维方式有积极和良好的影响。当地领导更对专家扎根开封、服务“三农”、无私奉献的精神表示钦佩和感谢。

开封市委、市政府领导指出，市校合作以来，双方在人才培养、技术支持、信息交流、科研示范等方面开展了全方位的合作，很好地实现了优势互补、资源共享，首创了我国农业最高学府与典型中原农区合作的新模式。希望市校双方进一步深化共建内涵，为我国粮食主产区的科技进步和“三农”难题的破解做出更加辉煌的业绩。

中国农业大学领导指出，市校合作使教师通过挂职实践参与产业发展，使学校教师更加了解基层、了解社会，对从事科研工作的体会更加深刻，也在地方工作中通过学者的参政议政发挥了学者的专业优势，给地方带来了新思想、新思路与新理念。过去几年的发展证明，市校合作走出了一条农业高校服务于地方经济建设的新路子，取得了显著成绩。这些成绩的取得得益于学校和当地政府部门的重视和关怀，凝聚着挂职教师的奉献精神和辛勤汗水。中国农业大学挂职教师“累并快乐着”的工作实效，践行了百年中国农业大学“解民生之多艰”精神传统，展示了青年知识分子联系基层、服务社会的责任意识和奉献精神。

四、挂职期间重大事件纪实

（一）绩效数据

中国农业大学已外派3批、18人次15位一线教师挂职开封，其中教授、博士生导师3人，副教授11人。

建设新农村与产业示范基地7个；共建或引进项目10余项，过亿元项目3个，总资金达14亿元，已到位资金达10.349亿元；引进农作物新品种157个；发展老年协会48个，腰鼓队20个；建设国家级产业体系研发中心1个，建立农业科技实验站1个；制定产业发展规划与产业发展建议12个，建设农村图书馆4处，捐赠图书8 000余册，开展调研考察、推广农业技术30多场次；举办学术技术讲座和技术培训50多场次，培训人员10万多人次，其中举办农牧业科技培训班6期，传播国外先进技术和管理理念，培训1 000多人次。

（二）主要引进项目

2004年2月18日，由开封市市长与中国农业大学校长亲自协调的“汇源果汁”落户开封，成立了北京汇源集团开封有限公司。

2004—2005年，中国农业大学挂职通许县副县长刘奇志从中国农业大学引进100余个玉米新品种，引进50多个蔬菜新品种投入通许县农业生产。

2005年4月，通过中国农业大学挂职开封市副市长孙君社组织协调的世界500强企业中国中化集团与开封市达成了全面经济技术合作协议，实现了双方在农资储运、化肥生产、农化服务、产品销售等方面的合作。

2005年6月，中国农业大学挂职尉氏县副县长凌刚组织协调绿色高效水禽养殖加工项目在尉氏县实施。江苏南通水禽养殖加工企业家许秀银先生在尉氏投资9 500万元建设该项目。

2005年10月，中国农业大学选派第二批6名教授挂职开封市县工作。

2006年2月，中国农业大学挂职郊区副区长吴文学争取到国家农业部畜禽防疫体系建设项目，落实资金140万元。

2006年，中国农业大学挂职杞县副县长郑志安组织与中国农业大学合作建设项目，注册资本金500万元；争取到国家农业综合开发项目资金580万元，进行农产品加工生产及流通项目建设。

2006年7月，中国农业大学挂职副市长孙君社组织从北京引进食用菊新品种7个，共4.5万株，进行试种、扩繁。组织市校两地的技术力量，采用组培、控温技术，建立食用菊花优良品种、种质资源快繁基地。对已生产出的食用菊产品利用开封市独特的饮食文化，开发食用菊花宴；利用汇源果汁加工工艺开发菊花饮品等，从而拉长菊花产业链条，提高菊花综合效益，带动开封市菊花产业向规模化、标准化发展。同时，建立“开封市农业产业链促进中心”试验基地，从北京市农业技术推广站引进樱桃萝卜、五彩菜椒、速生生菜等特色蔬菜和板蓝根、藿香等药用蔬菜十多个品种，用于开发、试种和推广。

2006年，中国农业大学挂职通许县副县长覃兆海为开封县田威生物科技公司引进建成1条年产30吨杀菌剂恶霉灵原药的生产线，年产值400万元。与通许县外贸公司合作建立年产150吨除草剂烯草酮原药的生产线，年产值3 600万元。

2006年，中国农业大学挂职杞县副县长郑志安通过多次与农业部农机化管理司、河南省农机局沟通，协助杞县农机局参与“优质粮食工程”，争取获得国家支持资金100万元。

2007年，中国农业大学挂职杞县副县长郑志安通过多次与农业部科技教育司能源处交流和沟通，协助争取到国家再生能源富民计划沼气工程项目，获得国家支持资金120万元。

2007年，中国农业大学挂职杞县副县长郑志安同志协助中国农业大学与杞县开展合作，对4HSHW型大蒜、花生收获机的样机进行了有效改进。

2007年8月28日，通过中国农业大学校长与时任市长的积极协调，开元旅业集团投资建设的开元名都大酒店正式开业。

2008年，中国农业大学挂职兰考县委常委何慧丽争取到中国滋根乡村教育与发展促进会10万元发展资金支持，在全县发展了48个有规模、有实效的老年人协会，以及众多的农村秧歌队、腰鼓队，丰富了农村文化生活。

2008—2009年，中国农业大学挂职通许县副县长徐志强在通许县实施一乡一业一村一品项目，积极促进农业结构调整。在继续保持粮食生产丰收的基础上，引导农民发展特色农业，形成了以练城乡玉皇庙镇为主的温棚黄瓜种植区，以邸阁乡、大岗李乡为主的西瓜种植区，以长智镇、四所楼镇为主的优质苹果种植区。其中，“汴南翠”黄瓜、“天仓”花生获得河南省名牌产品。

2010年1月，中国农业大学挂职市长助理李全宏引进龙大集团落户开封，投资2亿元，新建“开封龙大植物油有限公司”。

2010年3月28日，由中国农业大学为主持单位建立的“农民合作与城乡互助型生态农业示范基地”在兰考县南马庄举行启动仪式。

2010年4月，中国农业大学挂职市长助理李全宏协助申报的国家花生产业体系研发分中心落户包公花生油脂股份公司。

2010年8月，市校合作引进河南利华实业发展有限公司投资5亿元，组建河南凯奇蒜业有限公司落户杞县。

（三）科技支农活动

市校共建中，中国农业大学及所联系的国内外有关学者专家百余名在开封开展调研考察、推广农业技术30多场次；举办学术讲座和技术培训50多场次，培训人员10万多人次，实现了农产品种植、养殖、加工和商品化利用的新技术与新项目对接，发展了社团组织，促进了两个文明建设。

2004年4月，何慧丽邀请美国、荷兰、德国的专家及中国著名经济学家、中国研究“三农”问题专家、中国人民大学农业与农村发展学院院长温铁军教授对开封市兰考、通许的乡村建设进行实地考察，并对抓好农业和农村工作提出了指导性意见。

2004年6月，试验站邀请以色列两位畜牧专家在开封举办为期3天的现代畜牧科技知识培训，讲授了现代畜牧业技术及先进的管理理念。

2004年8月，开封市委书记孙泉砀同志受中国农业大学领导邀请，在孙君社副市长陪同下，赴以色列考察该国先进的现代农业生产技术和成熟的管理经验。

2004年，开封县挂职副县长焦长丰、多次联系国家有关单位科技人员到开封县传授技术。邀请中国农业大学孙洪仁老师考察并讲授苜蓿栽培知识，分析经济效益。

2005年4月，邀请农业部农业产业化办公室顾问李惠安研究员和中国农业大学卢凤君、沈再春、赵大晖等专家学者，举办了开封市涉农产业链发展培训班，对开封市县（处级）领导干部、企业管理人员、农技推广技术人员进行为期3天的培训，收到较好的培训效果。

2005—2008年，中国农业大学团委等组织先后为开封市农村捐赠科技书籍10 000多册，组建农村书屋，并在兰考县焦裕禄烈士陵园建立了中国农业大学教育基地。

2005年5月1日，中国农业大学校办产业办公室高旺盛主任率领中国农业大学部分教职工来汴调研考察，推广农业技术。

2005年5月，邀请农业部农业机械化管理司科教处李安宁处长和中国农业大学王德成教授、李洪文教授到杞县，作了关于我国农机发展趋势与任务、保护性耕作技术等方面的报告，杞县各乡镇、局委及农机大户100多人，以及省市农机管理干部30多人参加了会议，会议取得了良好效果。

2005年7月，全国农产品加工学会年会在开封市举行，来自全国各地从事农产品加工的100多位专家齐集一堂，共同探讨了中原农业产业化现状与发展方向。

2006年3月底，在通许县副县长覃兆海的积极协调下，邀请中国农业大学著名兽医学专家甘孟侯教授和李庆怀教授到通许县，作了关于畜牧养殖方面的专题报告，并与养殖大户进行了交流座谈，群众对这种直接实用的培训方式反映良好。

2006年4—5月间，由市校双方统战部牵头，邀请中国农业大学李志民、刘青林等十多位专家，对开封市杏花营农场新农村建设试点进行新农村总体规划。

2006年7月，市校共建办邀请了中国农业大学研究菊花和杏树种植与推广的两位专家到开封市，进行食用菊、杏树种植技术指导和产业化发展规划，促进了菊花和杏树的种植技术提高和产业化发展。

2006年7月22—24日，邀请华东理工大学文化研究所所长曹锦清教授、中国农业大学经济管理学院何广文教授等十多位专家学者及各地基层干部代表，在兰考县召开了新农村建设交流会。

2006年7月25日，首期“大禹论坛”开坛仪式在开封市举行，邀请了温铁军教授、何广文教授、曹锦清教授等十多位国内从事农业和农村经济研究的知名专家学者，就“三农”问题和新农村建设等进行了研讨和交流。他们的报告观点新颖，举例生动，剖析问题深入浅出，对今后如何解决“三农”问题和开展新农村建设工作将起到很大的帮助和指导作用。

2006年11月1日，中国农业大学统战部再次组织了食品科学与营养工程学院黄卫东教授等专家来汴，对杏花营农场新农村建设试点进行实地考察，完善规划。

2006年11月10日，邀请河南省农业科学院、河南大学、河南农业大学、河南工业大学、郑州轻工业学院等院校的科技处负责人，以及开封市农林局、科技局、畜牧局、农科所的负责人员召开了涉农产业座谈会，分析开封市涉农产业发展现状，研究加快涉农产业发展大计。

2006年11月，邀请我国食用菌种植专家、中国农业大学博士生导师牛天贵教授来汴，同开封市有关科技人员及各县区有关负责人就食用菌产业发展进行座谈，并考察了通许、杞县、兰考的食用菌种植情况，针对目前开封市食用菌种植存在的问题和不足，提出了建设性的意见。

2006年6月，在兰考县副县长王鹏新的积极协调下，邀请了中国农业大学食品科学与营养工程学院李再贵博士到开封县及兰考县对玉米深加工技术、食用菌种植与加工技术、葡萄酒生产与加工技术等进行调研和推广。

2007—2008年，中国农业大学专家团队研发的昆虫病原线虫高效防治花生蛴螬技术在开封进行了300亩标准化示范，有效控制了蛴螬的为害，亩产提高30%，实现了无公害安全生产。

2008年，开封市市长助理何慧丽同志协调并支持了河北省青龙县、山西省石楼县、海南省兰考县农民合作组织和文化建设方面的交流活动；协调组织了5省16县30个村庄的农民合作骨干来兰考进行农民合作组织与文化建设方面的考察交流活动。

2008年，开封县副县长马骥组织中国农业大学12位博士研究生和硕士研究生以开封县为典型调查区域，开展了3次有关农业资源配置与利用、农业合作社运行及农业产业化经营的大型调查，并与相关教授和研究生们进行了多次有关开封县域经济发展战略与措施的讨论。

2008年，开封市市长助理何慧丽组织带领兰考县农民合作社骨干成员30余人到浙江桐乡市学习植桑养蚕技术和合作社管理经验。

2009年3月，为积极应对国际金融危机对开封市农产品加工产业的不利影响，市长助理李全宏为开封市农产品加工企业负责人进行了当前产业发展的经济形势和发展战略培训，对企业家提出的相关技术问题进行了解答。

2009年6月，温铁军教授第三次受邀来汴，参加“三农”大讲堂授课。

2013年9月16日，喻树迅院士和马占鸿教授来汴参加“院士专家开封行”活动，并在开封市农林科学研究院作学术报告。

2015年5月20日，中国农业大学校长柯炳生校长为开封市领导干部大讲堂授课，题为“推进农业现代化”。

（四）积极建言献策

市校共建完成规划研究、项目建议书、调查报告、专著及言论数十篇部，总计数百万字。

1. 开封市涉农产业发展战略规划研究

2004年4月开始，为实现开封市涉农产业的快速、健康、可持续发展，市校联合成立了“开封市涉农产业发展战略规划研究”课题领导小组，由中国农业大学卢凤君教授任课题负责人，调研工作历经8个月，全市所有涉农部门参与，成立了10多个调研小组，中国农业大学共派专家20多人次参与了调查，召开全市涉农产业专题座谈会8次，对全市五县一区30余家涉农产业部门、20多个种植和养殖基地、10多个农产品与食品加工企业、10多个超市和农贸市场，以及农业、林业、畜牧业多个研究单位进行了调研，查阅国内外文献资料近2 000篇，获得参考资料140多份，整理访谈记录20多万字，为规划研究提供了大量翔实且可靠的资料、数据。经过多方征求意见，深入探讨并进行了成果汇总、归纳与梳理，历时一年多，最终形成《开封市涉农产业发展战略规划研究》总报告，该报告包括小麦、大蒜、生猪、花生、棉花、鸭、奶牛、西瓜、蔬菜、玉米、林业、肉牛、蛋鸡、肉羊等涉及农林牧三大类14条产业链，约150万字。在2005年市政府工作报告中，开封市把涉农产业链纳入2006年工作计划，并要求相关单位做好衔接，依据涉农产业规划报告，与开封市的“十一五”规划有机结合起来，提出申报项目，向省级和国家有关部门争取政策性资金扶持。

2. 河南省农业产业链技术促进中心总体规划

2006年、2007年为探索解决“三农”问题的有效示范模式，拉长河南省及开封市农业产业链条，加快农业科技成果转化，促进农业增效，农民增收，在市校合作共建模式下，建立以中国农业大学为主的科研院所和外来涉农企业投资开封、服务“三农”的平台和纽带。为此，孙君社副市长多次邀请全国知名的专家、学者和省、市有关领导以及一些全国知名的农产品加工龙头企业负责人一起研究和论证，并带领有关人员先后赴外地先进地方进行了系统地学习、考察，研究制定了该规划。

3. 开封市农民技能培训中心项目建议书

该项目建议书是《河南省农业产业链技术促进中心总体规划》的子项目，该项目正是为了贯彻落实科教兴国战略及《全国新型农民科技培训规划（2003—2010年）》，大力开展农民科技培训，提高农村劳动者的思想道德和科学文化素质，培养一大批高觉悟、懂科技、善经营的新型农民，把农村人口资源转化为人才生产力资源，对于提高农业的科技含量和国际竞争力，推进农业和农村经济发展具有重要的战略意义，也是从根本上解决“三农”问题的有效途径。

4. 开封市观赏菊花基因库建设与生产开发项目建议书

该项目建议书是《河南省农业产业链技术促进中心总体规划》的子项目。随着社会经济的繁荣和人民生活水平的日益提高，人们的生活观念和消费结构发生了很大的变化，追求生活上的高雅情调和赏心悦目的生活环境，庭院布置和居室美化都要有花卉，花卉需求与日俱增。花卉消费已进入社会各阶层，深入到千家万户。同时，我国菊花鲜切花在国际市场上的形势更令人兴奋，仅日本每月就订购两个集装箱，货源缺口大。为此，建设基因库，通过收集一批优良品种，在基地内进行试种、驯化、示范、扩繁和推广，加速开封市菊花品种的换代升级和资源储备，培育开封市独具特色的新优品种，能够极大的增强市场竞争力和占有率。

5. 开封市食用菊组培中心及快繁技术研究项目建议书

该项目建议书是《河南省农业产业链技术促进中心总体规划》的子项目。菊花除了具有观赏价值外，还有食用和药用价值。要做大做强菊花产业，在开发开封菊花的观赏价值的同时，还要充分开发它的食用价值和药用价值，进行食用菊的精深加工，挖掘菊花的综合经济效益。项目建议建设以快速繁殖食用菊花优良品种、优良类型和珍贵种质资源为主的食用菊组培快繁基地，可实现食用菊的四季开发、周年生产，带动本地食用菊花生产向规模化、标准化、现代化发展。

6. 开封市杏花营社会主义新农村建设规划（2006—2015）

2006年由孙君社副市长具体负责，各位挂职副县长参与，在中国农业大学李志民、刘青林教授带领下，十多位专家长期驻守试点地区，在深入调研、多方论证的基础上，结合杏花营农场的实际，制定了该规划。该规划从基本建设思路、经济发展规划、社会发展规划、新村建设规划等多个方面进行了详细论述，提出了在城郊建立集生产、休闲与科技展示为一体的现代化都市型、生态型、节约型社会主义新农村的概念，对原18个自然村进行整合，组建汴河新村、杏花新村、班村3个新村，使整体布局更加合理，从而实现文、教、体、卫等资源共享，村容更加整洁，土地大量集中，人居环境得到明显改善。该规划的制定，为开封市建设新农村试点和下一步做好示范推广奠定了良好的基础，是新形势下建设社会主义新农村示范模式的有益尝试。

7. 宋文化产业

2006年7—8月，经孙君社副市长联系协调，中国民间文化杂志社赵学玉社长一行4人，对开封市宋文化的继承与发展进行深入研究，先后对木版年画、汴绣、官瓷、汴京书画、饮食等传统文化进行采访和挖掘，编撰完成《宋文化产业》一书，重点阐述了开封文化产业的历史、现状与发展方向，对宋文化的发扬光大与推广提出了独到的见解和意见，对开封市文化产业和城市知名度的提高都起到极大的宣传、推介作用。

8. 开封市食用菌生态产业发展规划

2007年，为进一步提高开封市食用菌种植技术、扩大种植规模、提升食用菌的产后加工效益，孙君社副市长先后多次组织召开食用菌产业座谈会，并带领有关人员到通许县、兰考县进行实地考察，邀请我国食用菌种植研究专家、中国农业大学博士生导师牛天贵教授来汴，为开封市制定了《开封市食用菌生态产业发展规划》，对开封市食用菌发展前景和发展方向进行分析和指导，提出了较为科学的中长期发展计划。

9. 关于发展兰考县食用菌产业链的调研报告

2007年，兰考县政协副主席马智良、副县长王鹏新副教授通过调研认为兰考县是一个农业大县，人多地少，气候较为湿润，有丰富的劳动力资源，各种农作物秸秆量大且不易处理。各种农作物秸秆及其下脚料均是栽培食用菌的好原料，如稻草、麦秸、豆秸、玉米秆、玉米芯和棉籽壳等，经过简单的加工后都可用于食用菌生产，且生产的食用菌产量高、质量好。食用菌栽培技术易于掌握，是标准的劳动密集型产业，既可大规模生产，又适合分散的各家各户栽培。栽培食用菌投资少、见效快、收益高。进行食用菌生产的大棚有1 200~1 300座。食用菌的大规模开发是兰考县优化和调整农业结构，实现农业特色产业化的有效途径之一。

10. 建设项目库

2006年、2007年，开封县挂职副县长梁宗敏汇总项目健全项目库，有力地协助县里争取到相关的涉农项目，促进了经济发展。

11. 撰写学术论文和调研报告，组织举办“大禹论坛”

何慧丽在市校共建期间，曾任兰考县副县长、禹王台区副区长、兰考县委常委，在两个地方大力开展人文科学方面的研究和实践。她认为在村庄一级，以综合性的社区合作社为基础和依托，起到整合和承接资源的作用，能够发挥村庄社区的教育和稳定功能；在此基础上，从综合性的社区合作业务中逐渐发展壮大出专业经济合作体，以专业经济合作体的姿态对接市场企业，带动农产品的规模化发展，专业经济合作体的发展能够起到发展农村经济和促进农村和谐的功能。她撰写了大量的探索新农村建设中的社会、文化建设学术论文和调研报告，如《农民合作的兰考经验》《从农民合作到城乡互动》《何慧丽在兰考的乡村建设试验》，为新农村建设的发展思路进行了认真的思考和探索。

2004年以来，何慧丽在农民维权网上用互动和自白的形式，就“我们能为乡村做些什么？”“搞乡村建设面临着做什么的问题？”“农民合作社问题”及“三农问题”进行了数万字的阐述。

2006年，何慧丽协调各方面力量，促成了由中国农业大学与开封市人民政府主办了首期“大禹论坛”，主题是“黄河文明与新农村建设”，温铁军教授、曹锦清教授等都留下了精彩的演讲，多家媒体对此进行了大幅报道。

第二部分
共建平台开创合作新模式

一、建设国内一流野外台站——中国农业大学开封实验站

2009年7月22日，时任中国农业大学校长柯炳生提出，为了巩固壮大市校合作成果，使中国农业大学的农业技术成果快速转化，市校合作机制要改变，即以“中国农业大学开封实验站”为载体开展深层次的合作，签定了市校合作协议。协议中明确提出共建“中国农业大学开封实验站”。2010年10月17日，中国农业大学副校长孙其信与开封市副市长王载飞正式签订了中国农业大学开封实验站共建协议，开封市委副书记蒋益民、中国农业大学副校长孙其信共同为实验站成立揭牌。2012年12月16日，中国农业大学开封实验站奠基仪式举行。2014年11月20日，中国农业大学开封实验站正式落成启用。

中国农业大学开封实验站位于古都开封市西南5千米处，开封市杏花营镇境内，东临开封市农林科学研究院，占地200亩，其中科研用地185亩，生活及科研办公用地15亩。

实验站为中国农业大学和开封市人民政府共建单位，是开封市政府直属事业单位，单位配备事业编制6名，马占鸿同志（中国农业大学植物保护学院教授，开封市人民政府党组成员、副秘书长）兼任站长，孙欣同志（开封市人民政府副秘书长）兼任常务副站长、赵国建同志（开封市农林科学研究院副院长）兼任副站长，韩东明同志

（开封市政府市校合作共建办公室主任）兼任党支部书记，王成法同志、林恒志同志、钟绍明同志任开封市人民政府副秘书长时曾兼任副站长。

在市政府和学校的大力支持下，市校双方按照共建协议1∶1比例出资，共到位实验站一期主体工程基建经费900万元，建设了3 213.4平方米的科研综合楼、600平方米辅助用房（学生餐厅、学生活动室及淋浴房）、1 200平方米晾晒场，安装了630千伏变压器，并修建了围墙，平整了试验用地，整修了田间生产道路，改造了机井2眼，新打机井1眼，完成了试验田节水灌溉工程，并与市农科院紧密结合，合作共建了开封市生物育种重点实验室。

实验站现有基础设施，实验站占地面积200亩，其中生活及办公用地15亩，科研用地185亩。园区生产道路、管网齐备，可支撑作物、植保、园艺、食品加工及农业工程等多个学科进站开展科学研究。现有科研综合楼3层，共3 213平方米，食堂400平方米，晾晒场1 000平方米。一楼办公区与开封市农林科学研究院合作共建开封市生物育种重点实验室1 000平方米，基础试验仪器配备齐全。二楼办公区含办公室5间，会议室1间。三楼办公区含150人报告厅1间，会议室1间，40人教室1间，自习室1间。宿舍区含专家宿舍6间，教师宿舍4间，学生宿舍11间，可一次性接纳14名专家教授和104名学生同时进站开展工作。

2014年11月，经河南省科协批准，河南省植物分子生物学院士专家工作站在开封实验站挂牌成立。2015年1月，在河南省科技厅立项支持下，实验站被批准建设河南省产业技术创新平台。2016年2月，经开封市科学技术学会评审、公示，开封实验站获批建设开封市科普教育基地。同时，实验站还先后获批成为中国农业大学豫东棉花农科教合作人才培养基地、河南省新型研发机构、开封市新型研发机构等。

实验站定位，平台建设将围绕农业发展面临的关键问题，建立立足开封、辐射周边、面向中原及黄淮海地区的永久性现代化农业科学试验与示范基地，是现代农业新技术及新品种试验示范、有害生物监测预警及可持续无公害控制基地，中国农业大学教学、科研实习基地和市校人才培养基地。

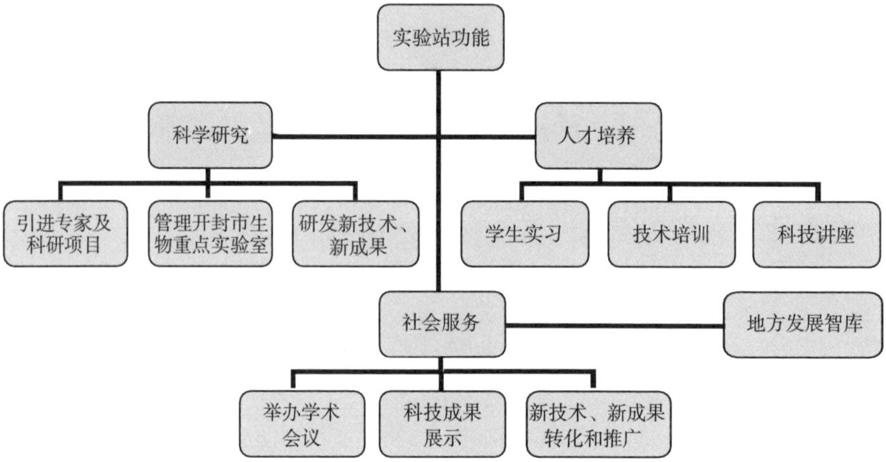

二、开展科学研究，为农业发展提供技术支撑

目前，实验站有作物栽培、植物保护、园艺、生命科学、分子生物学、食品加工及农业工程等多个学科进行科学研究。实验站固定研究人员有院士团队2个，全国著名专家教授十余位，所涉及的研究对象包括小麦、玉米、旱稻、棉花、大豆、甘薯、果树以及农产品加工等。

进站开展过以及正在开展研究工作的有武维华院士的玉米课题组，戴景瑞院士、赖锦盛教授的玉米课题组，李召虎、段留生教授的棉花课题组，马占鸿教授的植物保护课题组，李自超教授的旱稻课题组，刘志勇教授的小麦课题组，王化琪教授的旱稻新品种高技术及其种子产业化课题，刘庆昌教授的甘薯课题组，李全宏教授的农产品加工课题组，简恒教授的耕地地力与土壤线虫研究课题组，王海光副教授的小麦锈病课题组，高峰、赵紫华副教授的小麦蚜虫及天敌食物网控害评价课题组等。

在站开展项目专家情况

序号	姓名	工作单位	职务职称	在站开展项目
1	武维华	中国农业大学	中国科学院院士	玉米的高产优质和资源高效利用及新品种培育
2	李召虎	中国农业大学	教授、博士生导师	作物抗逆高产调控机理与化控技术
3	赖锦盛	中国农业大学	教授、博士生导师	玉米大豆高产优质品种分子设计和选育基础研究；玉米籽粒关键性状的分子遗传学基础
4	马占鸿	中国农业大学	教授、博士生导师、实验站站长	小麦条锈病越夏地区传播规律的分子定量检测；小麦重要病原真菌毒性变异的生物学基础
5	王喜庆	中国农业大学	教授	表型组技术、分子标记的开发与应用
6	李自超	中国农业大学	教授、博士生导师	黄淮海地区旱稻品种筛选与推广
7	刘志勇	中国农业大学	教授	小麦基因组学、基因克隆和功能分析、小麦育种
8	王化琪	中国农业大学	教授	旱稻新品种筛选与利用；旱稻新品种高技术及其种子产业化
9	简恒	中国农业大学	教授、博士生导师	耕地地力对农业主要有害生物发生影响机制
10	王海光	中国农业大学	副教授、博士生导师	小麦条锈病的流行监测与防控技术研究及集成示范；基于空气生物学和卫星遥感的小麦条锈病监测预警研究
11	高峰	中国农业大学	副教授	麦田害虫——天敌的食物网结构及天敌的定量控害评价
12	赵紫华	中国农业大学	副教授	氮素调控小麦—麦长管蚜—燕麦芽茧蜂三级营养关系及机制
13	赵海铭	中国农业大学	副教授	玉米基因工程与分子育种
14	宋伟彬	中国农业大学	副教授	玉米重要农艺性状形成的遗传学基础研究

三、人才培养与社会服务，实施科技扶贫

实验站立足开封，充分发挥中国农业大学的科技和人才培养的优势资源，抓住机遇，大胆探索，不断创新，使实验站成为培养农业技术人员和服务地方的重要基地，促进开封及中原地区农村经济社会又好又快发展。

实验站承担部分实验内容的“中国小麦条锈病菌源基地综合治理技术体系的构建与应用”项目荣获国家科技进步一等奖。

实验站先后主办“第三次全国植物抗病虫和病害流行与控制学术研讨会”“开封市农业科技大讲堂”，承办以“经济新常态下粮食生产核心区建设”为主题的“聚焦中原院士专家智库沙龙”，邀请中国工程院院士、浙江省农业科学院院长陈剑平，中国农业大学校长柯炳生（时任），中国工程院戴景瑞、喻树迅院士等全国著名专家学者来汴为开封市“领导干部大讲堂”和“农业科技大讲堂”等有较大影响的活动作报告。

实验站先后与开封大学、开封农业产业促进中心、四川圣桦投资有限公司、晋开集团、杞县潘安食品有限公司、兰考大象现代农业有限公司、河南奥泉农业科技有限公司、尉氏县河南远见农业科技有限公司、开封市祥符区金良农业专业合作社、通许县科技扶贫、中国菊园等单位签订协议，宁夏盛合农业生产资料连锁有限公司就人才培养、技术支持、技术推广、科学规划、科技示范、成果转化等方面提供支持。

同时，实验站还是河南省植物分子生物学院士专家工作站、河南省产业技术创新平台、开封市科普教育基地。

2016年，受开封市人民政府委托，中国农业大学与开封市人民政府共同启动了开封沿黄经济带的规划工作，邀请中国农业大学专家对沿黄地区都市农业进行整体规划，发展以市场需求为导向，融生产性、生活性和生态性于一体，高质高效和可持续发展相结合的现代

农业。

2019年，中国农业大学走进开封高级中学，举行了中国农业大学奖学金颁奖仪式同时，中国农业大学与开封高级中学签定了奖学金协议书，并授予开封高级中学“优质生源基地”牌。签约授牌实现了中国农业大学与开封高级中学的强强联合，也为双方建立起了一座沟通交流的桥梁，为双方在更大范围、更广领域、更深层次的合作起到重要促进作用。

（一）人才培养

中国农业大学开封实验站举办的“领导干部大讲堂”“农业科技大讲堂”等系列讲座，旨在实现建站宗旨中“人才培养、服务地方”的总体目标，至今已举办11期，邀请到了原中国农业大学校长柯炳生，中国工程院陈剑平院士，原宁夏农学院院长、全国知名果树栽培学专家李玉鼎教授，中国农业大学马占鸿、任华中、高丽红、王贺祥、马会勤等教授，宁夏设施园艺技术中心执行主任、宁夏大学农学院张光弟教授，银川沃尔森节水灌溉有限公司陈林总经理等专家学者，以及深圳市菜博士都市农业有限公司总经理曹昊博士，分别作了题为“推进农业现代化”“农业综合体——三农发展新模式”“梨树高效栽培管理技术”“植物保护基础知识”“黄瓜新品种与栽培技术”“设施果类蔬菜农艺节水技术”“食用菌管理栽培新技术”“鲜食葡萄和葡萄酒产业发展动态”“农业节水灌溉新技术”“新时代、新生活、新农业、新模式”等报告，报告内容丰富，场场精彩，累计培训人员4 000多人次，取得了良好的社会效益，达到了预期目的。

同时，开封实验站协作单位开封市农林科学研究院是河南农业职业学院和开封大学本科生实习、生产实践、农业科学技能培训的基地，曾为多名本科生、研究生完成毕业论文生产实习创造条件和提供帮助。目前，开封市农林科学研究院作物育种重点实验室作为开封市中小学自然科学知识科学普及的教学科研基地，每年接待多批次的中小学生参观并学习自然科普知识。

依托于实验站的国家棉花产业技术体系，豫东综合试验站在棉花新品种引进示范、综合栽培技术应用、高产创建、新品种选育推广、产业经济等方面具有技术优势，有能力完成学生的生产实习、毕业论文指导及联合培养研究生等科教工作。指导重点为棉花新品种选育、抗逆性鉴定、棉花试验设计以及田间数据的初步分析等。

（二）社会服务

由中国农业科学院植物保护研究所、中国农业大学、全国农业技术推广服务中心等相关单位共同完成的“中国小麦条锈病菌源基地综合治理技术体系的构建与应用”项目荣获2012年度国家科技进步一等奖，实验站承担项目部分试验内容。

依托于实验站的国家棉花产业技术体系豫东综合试验站，主持选育的优质、高产、抗病杂交棉新品种开棉五号，2003年被列为国家农业成果转化资金重点项目，2004年获河南省人民政府科技进步一等奖；主持选育的转基因高产抗虫杂交棉秋乐杂9号，2008年被列为河南省农业科技成果转化资金项目，2009年获河南省人民政府科技进步二等奖。

与晋开集团合作，负责为其完成了500万亩流转土地的整体规划设计。

积极参与中国农业大学与四川圣桦投资有限公司签定战略合作协议，在未来发展中重视教学实践结合、科研产业结合、人才管理结合，建立长期战略目标，促进中原地区农业高科技推广，为中原地区农业科技建设提供强有力的人才和技术支撑。

与开封汴京农业产业化促进中心签订合作协议，完成“中国黄河科技园”项目，实现了2 000亩的园区规划，并对开封汴京农业产业化促进中心进行技术指导。

四、中国农业大学开封实验站站外基地

截至2019年12月，依托实验站，在开封全市建立了包括郑志安教授任站长的杞县大蒜教授工作站和新农村发展研究院河南通许教授工作站在内的站外教学科研成果转化基地18个，签署了合作协议，并统一授牌“中国农业大学开封实验站科研教学基地”。

1. 中国农业大学河南杞县教授工作站

中国农业大学河南杞县教授工作站依托中国农业大学工学院、河南省开封市杞县人民政府和杞县潘安食品有限公司（开封市大蒜深加工制品工程技术研究中心），2017年2月获批建设。

河南杞县教授工作站致力于解决开封市大蒜深加工制品工程技术研究中心研究基础薄弱、技术储备不足与人才资源匮乏的问题，以大蒜为主，兼顾甘薯、辣椒、花生、红枣等农产品产业技术需求，设置了标准化示范基地关键技术与应用、初级加工关键技术及产业化、精深加工关键技术及产业化、产品包装养护关键技术及应用4个服务方向，探索“政、产、学、研、用”合作模式创新之路。

在河南杞县教授工作站的建设、落成以及按计划开展工作过程中，多次接待了国家海关总局、河南省发展改革委员会、河南省质监局、河南省农业科学院及开封市委、开封市政府、开封市人大、开封市政协，以及开封市各级政府部门、兄弟省份的政府和相关企业等领导的考察指导，已成为体现杞县创新发展的一张名片。2019年，杞县教授工作站已由市级工程中心升级为河南省工程技术研究中心，并成功创建了开封市市级重点实验室，组建了开封市创新型科技团队。目前，该站被授予杞县农业科技示范创新团队；正在承担开封市重点科技计划项目1项；建言杞县县委组织部开辟优秀人才绿色通道制度，引进农产品加工专业相关硕士毕业生5名，组建了属地化研究团队；建设了中国农业大学专业学位研究生联合培养基地，获得开封市科技发展重点（重大）计划项目支持和开封市重点研发与推广专项（农业科

技攻关）项目支持，申请国家专利5项，其中，发明专利4项、实用新型1项，发表学术论文6篇，制定省级标准4部，开发大蒜加工新工艺8项、中试产品3个，培养硕士毕业研究生5名、本科毕业生1名。

2. 杞县潘安食品有限公司

河南开封杞县潘安食品有限公司是开封市大蒜深加工龙头企业、中国果蔬行业协会副会长单位、河南省大蒜行业领军品牌，也是中国农业大学开封实验站大蒜研发成果转化基地。“科技创新、人才兴企”是该公司企业文化的重要组成部分。公司计划在蒜片、蒜粉和黑蒜的基础上，开发大蒜提取物（大蒜素）、大蒜胶囊、大蒜功能饮料和大蒜保健品等产品。

杞县人民政府、中国农业大学、杞县潘安食品有限公司签订了县校企合作协议，共建中国农业大学杞县教授工作站、开封市大蒜深加工工程技术研究中心。

3. 中国农业大学河南通许教授工作站

中国农业大学河南通许教授工作站是学校依托实验站发挥专家和科技优势服务地方的又一举措，将坚持高起点、高标准的原则，为通许县提供农业科技支撑和技术服务，促进农业产业升级，延长农业生产链条，提高农产品附加值，促进三产融合发展。为培育农业农村经济发展新动能创造新经验，为探索农民持续增收机制开辟新途径，为推进农业现代化建设提供新载体，在传统优势蔬菜品种筛选、新品种培育、农产品深加工、新产品研发、产业链延伸等方面，形成经济高效、发展有序、模式创新、民生跨越的产业化发展新格局。

4. 河南偌大农业发展有限公司

河南偌大农业发展有限公司是香港好力友科技有限公司在大陆注册的一家具有绿色有机农业产品开发的利农型专业机构，该公司的主要功能是绿色无公害农产品、作物新型种子的生产、开发、经营及其进出口贸易业务。

公司有强大的生产、经营服务队伍和技术资源，拥有中高级专业技术人员50多人，与中国农业大学开封实验站、中国农业科学院、河南农业大学、北京华耐种业有限公司、广东省良种引进服务公司等多家国内知名院校、科研单位、龙头公司等有密切的合作及业务关系。

5. 开封市岳家湖千菊实业有限公司

开封市岳家湖千菊实业有限公司是一家集菊花良种培育、基地种植、订单收购、恒温冷藏、加工生产、国际贸易于一体的大型民营股份制企业，是集种植、养殖、科研、旅游、休闲于一体的绿色生态园。作为河南省规模较大的菊花种植培养基地，每年种植各类茶菊、食用菊、药用菊1 000余亩。与河南大学药学院强强联手成立了开封菊花药食功效开发重点实验室，实现了菊花“产、学、研”一体化的成功开发模式，被评为省级“产学研合作”重点示范项目基地，全国巾帼现代农业科技示范基地。

6. 河南瑞通灌溉设备有限公司

河南瑞通灌溉设备有限公司主要经营节水灌溉设备技术研发、设计；计算机软件开发；信息系统集成服务，农业自动化成套控制装置系统、农业远程监控系统、地下水远程智能控制系统、农业智能控制系统的研发；射频卡机井灌溉控制器、农田节水灌溉设备、自动化控制设备、旋转升降式隐形给水栓设备、玻璃钢给水栓、玻璃钢机井房、玻璃钢扬程管、玻璃钢闸门、超声波流量计、钢制机井房、涂塑软管、重力式砼出水口保护装置、水电双计量设备、不锈钢农用潜水泵、喷灌滴灌设备的生产、销售、安装、调试；水利水电工程施工；凿井、机井配套设备安装。

7. 河南省四季美生态农业有限责任公司

河南省四季美生态农业有限责任公司，经营范围包括农作物种植与销售；果树、绿化苗木、蔬菜、花卉、茶叶、食用菌的种植与销售；粮食销售；家禽、家畜、鱼类的养殖与销售；饲料销售；蛋类产品销售；生鲜乳、生鲜肉、预包装食品销售；旅游产品销售；农业机械销售及租赁；农业种植技术信息咨询；农业技术开发和技术转让；餐饮服务；住宿服务；会议服务。

8. 开封市祥符区广宽农作物种植农民专业合作社

开封市祥符区广宽农作物种植农民专业合作社主营黑绿豆、黑珍珠、绿豆、大蒜、黑花生、黑芝麻、黑小麦、黑玉米、绿小米、大黑豆、黑米等农产品。公司秉承“顾客至上，锐意进取”的经营理念，坚持“客户至上”的原则为广大客户提供优质的服务，以良好的信誉和完善的管理体系进行标准化种植，种植面积1 260余亩，入社人数860多人，合作社所种植的作物均不使用化肥和农药，均达到无公害和有机标准。

9. 开封市田之园农业科技服务有限公司

开封市田之园农业科技服务有限公司是集节水灌溉工程规划设计、工程施工、设备研发、产品设计、设备生产、销售服务为一体的高科技节水灌溉产品综合经营企业。公司经营范围包括农业科技技术研发、技术推广、技术咨询服务、技术服务；农业工程技术设计；智慧农业设施装备研发；农业信息化技术开发；农业植保技术服务；农业物联网工程；农业项目开发、节水灌溉设备；节水灌溉工程勘测规划设计、可行性报告方案实施；喷灌、滴灌、微灌工程技术开发、生产销售、安装服务；农业机械设备；玻璃钢制品、农副产品的销售。

自成立以来，公司一直致力于建设高标准农田，推广应用高效节水灌溉技术，在大幅度提高水利用率的同时，引发了农业生产方式的变革，改变了传统的农田水利建设方式，提高了土地利用率；改变了传统的劳作方式，大幅度降低了作业成本，提高了劳动生产率。

10.开封市祥符区金土地农作物种植农民专业合作社

开封市祥符区金土地农作物种植农民专业合作社，经营范围包括为社员提供水稻、小麦、玉米、蔬菜、果树、苗圃种植销售，以及与之有关的技术、信息服务。

11.河南天河农业科技发展有限公司

河南天河农业科技发展有限公司，经营范围包括农作物、中药材、果树、树木的种植、销售；农业种植技术研发、技术推广、技术信息咨询；农业机械、农具、化肥的销售；禽畜及水产品养殖技术研发；仓储服务。

12.中国菊园高科技产业园

中国菊园高科技产业园是依托开封深厚的菊文化建成的一个大型菊文化特色主题公园。园内建有花海、假山、水景、绿化带、风车、老河闸、银杏林、紫荆林等景观。花海已经种植优质菊花2 000余个品种，共500多万株。

园内有代表北宋风情的菊花小镇，小镇以古朴的民俗村落、农家生活情趣为特色，是集吃、住、玩、赏、娱、购于一体的综合性景区，是久居都市的人们向往的纯生态旅游景点。

2017年，积极推动中国菊花高新科技产业园、中国农业大学园艺学院、开封市人民政府节约能源办公室签定三方合作协议，发挥各自优势，通过多种形式开展合作，共同构建产、学、研联盟的创新体系，建立长期合作关系。

13.兰考县双峰种植专业合作社

兰考县双峰种植专业合作社，位于兰考县闫楼乡肖庄村，合作社主要提供瓜果、蔬菜、农作物的种植、销售等服务。

14.开封市味美都市农业科技有限公司

开封市味美都市农业科技有限公司位于开封市金明区水稻乡花生庄村，始终为客户提供好的产品和技术支持、健全的售后服务，主要经营农业技术开发；瓜果蔬菜的种植、销售等服务。

第三部分
社会关注媒体报道示范带动效应显著

中国农业大学积极服务河南农区经济社会发展

来源：教育部官网　　时间：2010-05-25

2003年以来，中国农业大学以“深层次、宽领域共建”为指导思想，以“挂职教师团队”为绿色纽带，选派了3批博士教师团队到河南省开封市挂职工作，直接服务地方“三农”，实现了百年学府与千年古都的合作共赢，为中原农区的经济社会发展作出了积极的贡献，为高校青年知识分子的成长探索了新的途径。

——根据地方需求，选派挂职教师团队。几年来，学校根据当地需求先后选派了18人次14名高学历教师到开封市挂职（担任副处级以上职务）工作，其中任副市长2人次、市长助理1人次。挂职前，党委书记瞿振元等学校领导都会叮嘱他们为当地百姓“做实事、做好事”。挂职期间，教师们通过组织项目考察、举办学术交流、举行涉农专业培训班、邀请国内外著名专家与学者赴开封考察、调研、讲学等方式，为开封发展献计献策。2005年，开封市委、市政府决定对学校第一批挂职教师、食品学院教授孙君社予以嘉奖，并号召全市广大干部学习和发扬孙君社务实创新、勇于实践的工作作风，为全面建设小康社会、实现开封复兴建功立业。同时，学校其他5名挂职教师还被授予开封荣誉市民证书。2010年，开封市委决定继续留任现任开封市长助理、学校食品学院教授李全宏，挂任副市长职务，继续为开封市的农业发展贡献力量。

——引进重大项目，服务地方经济。经双方合作，开封市先后引进项目10个，开展技术合作30多项。如北京汇源集团落户开封项目进行了3期工程建设，累计投资5亿元，拥有9条国际一流的各种包装形式灌装生产线，可生产12大系列100多个品种，到2008年累计实现销售收入9.68亿元，带动了当地相关行业的发展。几年来，公司共安排就业人员300多人。2008年7月，经学校教授、开封市长助理李全宏协调，为开封市引进了山东龙大集团投资1.2亿的花生油加工项目。此外，在学校努力下，开封市还引进了新型杀菌剂和除草剂两条生产线，年生产量分别达30吨和150吨，实现年产值4 000多万元，完成市校合作项目“4HSHW 型大蒜、花生收获机的样机改进予以实施并推广应用”“花生蛴螬生物防治产业示范”“花生低温榨油与高效利用产业化关键技术研究与示范”等。

——编制战略规划，推动产业发展。校市共建以来，先后完成规划研究、项目建议书、调查报告、专著及言论数十篇部，数百万字。如双方合作制定了《开封市涉农产业发展战略规划研究》，学校共派调研人员15批次、100多人次参与调查，报告涉及农林牧三大类14条产业链，提出了3条需要做强的产业链；4条需要培育的产业链；7条需要关注的产业链，对解决开封市的“三农”问题，加快推进农业产业化和农业现代化起到重要的指导作用。学校还组织多方力量，对开封市宋文化的继承与发展进行深入研究，先后对木版年画、汴绣、官瓷、汴京书画、饮食等传统文化进行采访和挖掘，编撰完成

《宋文化产业》一书，重点阐述了开封文化产业的历史、现状与发展方向，对开封市文化产业和城市知名度的提高都起到极大的宣传、推介作用。

——开展科技联姻，实施成果转化。几年来，学校主动挖掘科技资源，进行多项技术推广，建设特色示范产业。2006年7月，为开封引进食用菊新品种7个，共4.5万株，组织校市两地技术力量，采用组培、控温技术，建设以快速繁育食用菊花优良品种、种质资源为主的快繁基地，攻关食用菊花的四季开花、周年生产技术。同时，利用开封市独特的饮食文化，开发食用菊花宴；利用汇源果汁加工工艺开发菊花饮品等，带动开封菊花产业向规模化、标准化发展。2007—2008年，学校研发的昆虫病原线虫高效防治花生蛴螬成果，在开封市通许县连续两年完成了300亩的标准化示范，有效控制蛴螬病虫害为害，亩产提高30%；花生低温榨油技术，榨油后的饼粕进行花生浓缩蛋白、花生分离蛋白、花生多糖和低聚糖以及将花生红衣提取食用天然色素等技术与多家油脂加工企业对接，促进了开封市花生产业的增效。

——提供智力支撑，传播先进文化。7年来，学校组建专家顾问团和挂职锻炼的教师，为开封市（县）区各级政府部门在现代农业示范工程、高科技农业示范园区、小城镇建设、加速城市化等方面提供咨询服务，并开设科技讲堂，累计举办培训班50多场，培训人员10万人次，开展农业技术讲座和学术交流20多次。校长柯炳生作为开封市“领导干部大讲堂”的讲座嘉宾，为开封市各级领导干部约600人做了一场现代农业的专题报告。2006年7月，由学校挂职教师与开封市政府联合主办了“大禹论坛”，并举行了首期论坛讨论“黄河文明与新农村建设”。来自北京、上海、武汉、香港等地的“三农”专家，在开封纵论当今“三农”问题，旨在为中原新农村建设“开理论之题，拓实践之路”。

“市校合作”开花结果

来源：中国网　　时间：2012-01-11

一个是我国顶尖的农业大学，一个是我国著名的农业大市，自2003年8月起，中国农业大学与河南省开封市人民政府进行了“市校合作”，先后派出具有博士学历的18人次14位优秀的一线教授到开封挂职工作，担任副市长或副县（区）长，就高校利用科技优势参与支持新农村建设和发展现代农业新局面大胆探索，通过专家咨询、产业规划、项目支持、技术培训、信息交流、科研示范、人才培养等多种形式，全方位开展新农村建设与建设现代农业产业的试点和示范，探索和实践了农业最高学府与典型中原农区合作的“开封模式”，走出了一条农业高校服务地方经济建设服务社会的新路子。

落脚点——规划先行促进经济发展

有这么一组数据直观反映了中国农业大学教授对开封农业规划的贡献：外派调研人员15批次、100多人次参加调查，召开专题座谈会8次，对开封市30多家涉农部门、20多个种植养殖基地、10多个农产品和食品加工企业、30多个超市和农贸市场及农业、林业、畜牧业研究单位进行了调研，先后撰写完成了《开封市涉农产业发展战略规划研究》《开封市农业产业链技术促进中心总体规划》等数十部、数百万字的规划报告。

规模化的高效农业是现代农业的主要特征，挂职干部充分利用自身的专业特长和在行业内的影响力，针对开封主产花生、大蒜和各类蔬菜等主要农产品的特点，牵线搭桥引进国家级龙头企业，加快推进开封农业产业化发展。挂职干部利用和北京汇源集团良好的合作关系，协调“汇源果汁”落户开封，成立了北京汇源集团开封有限公司，于2004年2月正式投产，已完成四期投资，总投资7亿元，年产值达6亿多元，极大地促进了开封市水果产业和农产品加工业的发展。

“开封有很独特的资源，就是花生。在中国农业大学的支持下，我们现在已开发出花生露、花生牛奶，这是依靠地区资源来开发的独有产品。这两个产品现在销售非常好。落户开封，对地方和我们企业来说都是双赢。”北京汇源集团开封有限公司总经理于强华言语中透着欣喜。

经中国农业大学挂职干部、开封市市长助理李全宏教授的积极协调，国内知名的农业产业化龙头企业龙大集团开封基地于2010年12月投产，投资2亿元的“开封龙大植物油有限公司”年加工花生米25万吨，带动120万亩花生种植户增收，带动地方就业600多人。

在这之前，挂职干部孙君社、张泽俊、郑志安等中国农业大学教授也分别结合开封实际，积极与企业一起谋划在开封建立农产品深加工基地，河南利华实业发展有限公司新建的河南凯启蒜业有限公司已于2010年8月落户开封，该项目投资10亿多元，以产业化开发开封大蒜产业，设计年加工能力30万吨，将带动当地大蒜种植户增收。

据统计，“市校合作”8年来，中国农业大学共为开封市招商引资引进项目10余项，其中产业化开发项目涉及花生、大蒜、菊花、玉米等诸多方面，开封市农业产业化的加工水平由此进入了一个较高水平，推动了这一方土地现代农业产业体系的稳步建设。

着力点——智力开发提升科技能力

由中国农业大学挂职干部完成的《开封市农民技能培训中心项目建议书》中有如下描述：大力开展农民技能培训，提高农村劳动者的思想道德和科学文化素质，培养一大批觉悟高、懂科技、善经营的新型农民，把农村人口资源转化为人才生产力资源。

2008年，昆虫病原线虫田间防治花生蛴螬研究成果在通许县朱砂镇中栗岗村通过了现场验收和成果鉴定，这一新成果由挂职干部刘奇志课题组完成，实现了防治虫害和增产的双重效果。该成果成功地利用有益昆虫病原线虫防治花生蛴螬，获得了90%以上的好果率，比不防治每亩增产花生果206千克，比施用辛硫磷、甲基乙硫磷等化学农药每亩增产60千克，每亩增收400多元，而且每株施用剂量仅为国外施用量的一半，降低了农民的生产成本。

与此同时，挂职干部还组织当地农民去外地参观学习，让他们真切感受科技的能力和魅力。兰考县仪封乡农民王继伟深有感触："何常委（挂职干部兰考县委常委何慧丽）来了以后，不断给咱农民进行科技培训，大家知道了掌握科技知识的重要。特别是2008年她带着俺去山东考察蔬菜种植，回来以后当年俺就搞了4个温室大棚，2009年又建了20座，到2010年又建了几十座，到目前总共有56座。现在俺村这50多户人每年的收入比以前增加了10倍左右，每户每年纯收入可以达到3万~5万元。"

截至目前，中国农业大学及所联系的国内外有关学者专家有百余名到开封开展调研考察、推广农业技术30多场次，举办学术技术讲座和技术培训50多场次，培训人员10万多人次，培训内容包括了畜牧、花生等内容，为农产品种植、养殖、加工和商品化提供了有力的技术支持。

2010年10月，中国农业大学与开封市人民政府共建的"中国农业大学开封试验站"成立。通过双方努力，开封试验站将建成立足开封、辐射周边、面向中原及黄淮海地区的永久性科技示范基地，成为中国农业大学教学、科研实习基地和市校人才培养基地。

融合点——“三农”情结融入农村管理

何慧丽，中国农业大学人文与发展学院社会系教授，到兰考挂职后全力打造“合作农民、生态农业、环保农村”的新型村庄。她在南马庄、胡寨等村子进行“农民合作自助与城乡互动互助”的新农村建设试验实践和理论探索，开展了“党政主导、农民主体、社会参与”的农民共同富裕的合作模式，开展了“社区支持农业——购米包地、购猪认养”的产销模式，实现了“重生态、重合作、低消耗、高福利”的低碳农村发展道路，最后形成“合作农民、生态农业、环保农村”的新型村庄。目前，兰考仅合作社就达280多家，参加和带动的农户数量在全县农户中的比例达到了22.8%。

兰考县三义寨乡南马庄村村支书张砚彬说：“从2004年开始我们搞了无公害大米协会，到现在我们已经发展了一套完整的生态循环种植养殖模式。我们的销售模式也完全与城市直接对接。现在我们有一系列产品，养殖方面有‘快乐猪肉’、螃蟹；种植方面有有机莲藕、有机大米、有机小杂粮。只要参与到合作社中来的老百姓，每年一个家庭都能提高收入上千元，有的甚至高五六千元钱。”

中国农业大学党委书记瞿振元就“市校合作”有过这样一段论述：“无论是从中国农业大学的角度，还是从挂职教授个人的角度，利用我们的知识技术为开封市人民做一些实实在在的事情，服务农业、农村、农民，这些都是很有意义的。因此，‘市校合作’被我们的老师们称为是‘开封模式’，该模式可以说是当今时期青年知识分子走与社会结合、与实践结合的一条好道路。”

中国农业大学开封实验站奠基仪式举行

来源：凤凰网　　日期：2012-12-17

12月16日，中国农业大学开封实验站奠基仪式在开封市农林科学院举行，这标志着开封市农业科技发展翻开了崭新的一页，也将对开封市经济社会发展产生重大而深远的影响。同时，还举行了豫东棉花农科教合作人才培养基地揭牌仪式和开封市生物育种重点实验室建设项目启动仪式。中国农业大学党委书记瞿振元，开封市领导祁金立、蒋益民、曹法英、王载飞、翟中州等出席。开封市委副书记蒋益民主持仪式。

瞿振元说，实验站的开工建设是中国农业大学和开封市双方长期合作的阶段性成果，河南是农业大省，尤其是小麦和棉花生产在全国占有举足轻重的地位，中国农业大学作为农业学府理应为造福中原、造福河南做出更多的工作。实验站的建设要本着高水平、高起点、高标准的要求进行建设。中国农业大学不仅要进行基础性的研究，更要注重实用技术的基层创新，要把基础研究的成果运用于实际，把成果、论文写在大地上，向着高产、优质、高效、生态的目标迈进，让更多的群众受益。

市委书记祁金立高度赞扬了中国农业大学。他说，中国农业大学作为我国农业最高学府，拥有世界一流的实验设施和实力雄厚的教研队伍，培养了众多优秀农业人才，取得了丰硕的研究成果，特别是在生物与农业高新技术研究领域达到了国际领先水平。

祁金立说，中国农业大学与开封市开展市校共建现代化农业示范工程9年来，市校之间友谊不断加深、合作日益密切，双方在科学研究、人才培养、信息交流、成果技术示范转化等方面取得了显著成绩，实现了优势互补、资源共享、共同发展，推动了开封经济健康、快速、可持续发展。

开封实验站建成后，开封将进一步依托中国农业大学的人才和技术优势，在农作物新品种选育、高产优质高效栽培、农产品生产加工、人才培养等方面开展更加深入的合作，为开封市农业现代化建设提供有力的支持。同时，作为实验站建设重要配套设施的开封市农业生物育种重点实验室，是市政府重点支持项目，建成后，将成为开封农业科技创新的重要平台，大幅度提升全市农业科技创新水平，助推开封农业快速发展。

祁金立强调，科技要发展，人才是关键。豫东棉花农科教合作人才培养基地，是经教育部和农业部联合批准，依托实验站建设建立的全国首批100个农科教合作人才培养基地之一，将为我国棉花科技人才培养发挥重要作用，为国家农业科技发展注入新的动力。

祁金立最后说，市委、市政府将全力支持实验站的建设，督促参建各方把工程建设成为优质工程、样板工程，确保实验站早日竣工投入使用，并以此为契机，推动开封市农业科技工作再上一个新台阶。

市长吉炳伟到我院考察中国农业大学开封实验站

来源：开封市农林科学研究院　　时间：2014-06-24

6月18日，开封市市长吉炳伟到中国农业大学开封实验站调研工作，就实验站建设工作听取汇报。实验站负责人、农学院副院长马占鸿介绍了实验站科研综合楼建设以及科研工作开展情况。

吉炳伟充分肯定了开封实验站在农业新品种培育、农业新技术推广、农业专门人才培养等方面取得的成绩，并希望该项目在后续建设中严格按照规划，坚持高标准，突出长远性，为推动开封农业技术的发展发挥更大的作用。

针对实验站建设情况及下一步工作打算，吉炳伟市长在调研中强调农业科技进步对于提升农业综合生产能力意义重大。要做好项目建设收尾工作，完善配套设施，尽快发挥实验站农业科研基地的辐射、带动作用，建设一批科研成果推广基地，造福广大农民兄弟，促进农民增收、农业增效、农村发展。

中国农业大学开封实验站将设立河南省院士工作站

来源：开封市人民政府官网　　时间：2014-06-24

记者昨日从市科技部门获悉，日前，河南省科技厅公布了新设立的河南省院士工作站名单，中国农业大学开封实验站名列其中。

据悉，此次河南省同意设立包括中国农业大学开封实验站在内的共19个河南省院士工作站，涉及8个省辖市、2个省直管县。按照相关要求，中国农业大学开封实验站将充分发挥和利用河南省院士工作站的平台作用，从自身实际需求出发，以项目为依托，以合作为纽带，不断加强协同创新，加快人才培养，提高核心竞争力，促进产学研用紧密结合，逐步建立长效科技合作机制，为开封市增强自主创新能力提供有力支撑。

姜沛民考察开封实验站　助推校市合作

来源：中国农业大学官网　　时间：2014-08-01

7月23—24日，中国农业大学党委书记姜沛民、副校长李召虎率队赴我校开封实验站考察，并与开封市委书记祁金立、市长吉炳伟、副市长牛春堡等就市校共建进行了座谈。

中国农业大学挂职开封市政府副秘书长、实验站常务副站长马占鸿对实验站建设情况及下一步工作打算进行了汇报。2013年我校开封实验站基础设施建设工作被开封市政府列入“3655工程”重点项目。在2014年下一步的工作中，将继续完善实验站园区建设。在校市合作共建方面，将结合开封农业实际，依托学校资源和实验站平台，不定期开展专题讲座；举办农业推广硕士班，培训适合当地的农村实用技术人才；紧密依靠开封各县区及大型涉农企业，逐步将实验站最新研究成果进行推广转化。

牛春堡表示，市校10年合作成效显著，是互利双赢的一件大事，开封市将坚定不移地与中国农业大学加强合作。要充分发挥中国农业大学的优势，把优秀成果结合开封实际进行大面积示范推广，同时要更加注重对人才的培养，以实验站平台为支撑，为开封培养留得住、用得上的农业人才。李召虎认为，市校合作10年，硕果累累，中国农业大学要在河南有所作为，发出中国农业大学的声音。在下一步的市校合作中，要加强与开封的合作，希望学校的专家、教授充分融入开封农业发展规划当中，提供主导性意见，将市校合作进一步升华、发展。

姜沛民对开封市委、市政府给予学校在开封开展工作的支持表示感谢。他指出，市校合作10年以来，取得了优异的成绩，多年来开封市委、市政府一直关注支持开封实验站的发展和建设，在资金、政策、人才培训等方面给予了大力支持，而开封实验站的开工建设，标志着市校合作进入了一个崭新的阶段，下一步，学校要继续推动市校合作，将开封实验站建设纳入学校总体发展规划，充分发挥开封区域优势和辐射作用，根据当地需要培养专业人才，及时给予技术支持，为开封大力发展现代农业发挥应有的作用。同时，姜沛民提出，开封实验站要与开封市农业相关单位做好协同工作，力争将实验站建成我校教学、科研、实习基地和市校人才培养基地为一体的高水平现代农业科技综合试验台站。姜沛民表示，未来学校将进一步拓展合作领域，在农业产业化、农业项目规划指导上给予全方位支持，促进开封及中原农村经济又好又快发展。

姜沛民一行还参观了即将启用的开封实验站新综合楼，慰问了实验站工作的师生，并参观了武维华、赖锦盛、李自超等教授的田间试验及胡跃高、李胜利教授规划设计的东坝头现代农业示范基地，看望了我校在晋开集团工作的新老校友，当得知目前有我校承担的多项国家级科研项目在试验基地落地开展研究时，姜沛民非常高兴，指示实验站要以打造成“中国农业大学教学、科研、市校人才培养为一体的高水平现代化农业综合实验站”为目标而继续努力。姜沛民一行还专程到兰考县拜谒了焦裕禄烈士墓并敬献了花篮。

我校新农村发展研究院副院长兼科研院副院长吴海芹，农学院党委书记曲瑛德，研究生院培养处处长王雯，农学院教授李自超，开封市政府调研员王成法，开封市人民政府副秘书长林恒志，开封市农林局局长郭勇，开封市农林科学研究院院长谷建中、副院长赵国建等参加了上述活动。

中国农业大学开封实验站正式落成暨院士专家工作站落户开封

来源：开封网　　时间：2014-11-20

11月20日上午，中国农业大学开封实验站正式落成，河南省植物分子生物学院士专家工作站同时揭牌，翻开了开封市与中国农业大学市校合作的新篇章。

中国农业大学副校长李召虎，中国工程院院士、中国农业大学教授戴景瑞，河南省科协主席霍金花、副主席谈朗玉，中国工程院院士、河南农业大学校长张改平，中国工程院院士、中国农业科学院研究员喻树迅，河南省科学院副院长张占仓等出席揭牌仪式。

市长吉炳伟，副市长孙晓红、牛春堡等出席揭牌仪式。

李召虎、吉炳伟共同为中国农业大学开封实验站揭牌。霍金花、戴景瑞共同为河南省植物分子生物学院士专家工作站揭牌。

中国农业大学开封实验站位于开封市西南5千米处，杏花营镇境内，东临开封市农林科学研究院，占地200亩。实验站为中国农业大学和开封市人民政府共建单位，是开封市直属事业单位。实验站充分利用开封市资源优势，发挥中国农业大学科技和示范带动作用，努力建成立足开封、辐射周边、面向中原及黄淮海地区的永久性现代农业科学综合试验与示范基地。实验站可支撑作物、植保、园艺、食品加工及农业工程等多个学科，将成为现代农业新技术及新品种试验示范、有害生物监测预警及可持续无公害控制基地，成为中国农业大学教学、科研实习基地和市校人才培养基地为一体的高水平现代农业科技试验台站。中国工程院院士戴景瑞、中国科学院院士武维华等数十位中国农业大学的专家教授及研究生进站开展科研工作。

为加速创新资源向河南的集聚，促进科技成果的转化、应用，推动产学研用紧密结合向更高层次的发展，中国农业大学开封实验站和开封市农林科学研究院联合申请建立河南省植物分子生物学院士专家工作站，并获得省科协批复。院士专家工作站的建立将逐步提升中国农业大学开封实验站的科技研发能力和技术手段，提高玉米、小麦等主要农作物的质量和产量，增强我省主要农作物品种在国内、国际市场的竞争力。

中国农业大学开封实验站获立项支持

来源：开封网　　时间：2015-01-27

1月27日从市科技局获悉，日前，经省科技厅同意，中国农业大学开封实验站获立项支持，批准建设省产业技术创新平台。

据悉，全省共有8家单位被批准建设省产业技术创新平台。作为近年开封市科技培育发展的重要成果，中国农业大学开封实验站是中国农业大学永久性现代化农业科学实验与示范基地，其重点建设目标是建成立足开封市、辐射周边、面向中原及黄淮海地区的现代农业、农作物有害生物监测预警及农业无公害控制技术研究基地、中国农业大学教学、科研及实习基地、开封市与中国农业大学人才培养基地。

市委书记吉炳伟、市长侯红陪同中国农业大学校长柯炳生来我院视察中国农业大学开封实验站

来源：开封市农林科学研究院　　时间：2015-05-26

5月20日下午，中国农业大学校长柯炳生到我院视察中国农业大学开封实验站建设情况。市委书记吉炳伟、市长侯红、副市长牛春堡等陪同视察。

柯炳生一行实地察看了中国农业大学开封实验站小麦试验田、开封市生物育种重点实验室，以及院士专家工作室、教室、专家宿舍等，详细了解试验站建设及科研、教学情况。柯炳生对实验站的软硬件建设情况表示满意，充分肯定了实验站取得的成绩，并对开封市长期以来为实验站建设提供的大力支持表示感谢。他说，中国农业大学多年来与开封保持着良好的市校合作关系，先后有一大批专家教授曾在这里从事研究。实验站的建成，为推动市校合作走向经常化、持续化增加了新载体。接下来，一是要扎实做好科研试验，多出成果，用实际成效回报地方政府的支持；二是要在提升人气上下功夫，让中国农业大学更多的科研团队来这里开展研究，也要加强与开封本地及河南省高校的交流合作，使现有资源得到充分利用；三是要服务当地农业，实验站要紧紧围绕开封发展需求开展科研工作，积极推动优秀科研成果在开封及河南的转化，努力为加快农业现代化、推动地方经济社会发展做出更大的贡献。市委书记吉炳伟感谢中国农业大学一直以来对开封农业发展的支持，他说，中国农业大学开封实验站作为市校共建单位，自成立以来，立足开封农业生产，充分发挥中国农业大学科技和示范带动作用，“市校共建”在人才培养、科研合作、农业规划等方面取得初步成效，开封市将继续加大对实验站建设工作的支持力度，争取尽早完成实验站配套设施建设。

关于同意中国农业大学开封实验站等单位设立河南省院士工作站的通知

来源：河南省科学院官网　　时间：2016-12-07

各省辖市、省直管县（市）科技局，各国家级高新区管委会，郑州航空港经济综合实验区管委会，省直有关部门，各有关单位：

根据《河南省院士工作站管理办法（试行）》（豫科〔2010〕104号）的规定，经依托单位申请、主管部门审核、专家评审和考察、公示等程序，经研究，同意中国农业大学开封实验站等19家单位设立河南省院士工作站（名单略）。

希望各建站单位充分发挥和利用好院士工作站的平台作用，从本单位实际需求出发，以项目为依托，以合作为纽带，不断加强协同创新，加快人才培养，提高核心竞争力；各主管单位要积极支持建站单位开展工作，促进产学研用紧密结合，引导建立长效科技合作机制，为增强企事业单位的自主创新能力提供支撑。

中国农业大学来汴开展市校合作对接活动

来源：开封市人民政府官网　　时间：2016-12-30

12月29日，中国农业大学副校长张建华带领团队来到开封，开展市校合作对接活动，与我市有关部门进行座谈，就双方下一步合作的具体事项进行深入磋商，形成一系列初步成果。市领导吉炳伟、侯红、黄道功、何伟、牛春堡等参加座谈并会见张建华一行。

在当日举行的中国农业大学与开封市人民政府市校合作座谈会上，中国农业大学科技发展研究院、研究生院、继续教育学院、工学院、农学院、园艺学院、产业办等机构代表，以及开封市委人才办、市委编办、市农林局、市科技局、市农科院、开封大学等单位负责人进行深入沟通交流，双方就人才培养培训、联合举办农业高层论坛、共建农林科学研究院、设立大蒜教授工作站、建设农业科技孵化器等一系列项目达成了共识，就下一步合作达成了一致意见。

市长侯红说，开封与中国农业大学自2003年开展市校合作共建以来，迄今已有13年，双方的合作硕果累累，为开封新旧动力转换提供了重要支撑。近年来，开封高度重视市校合作工作，目前已与中国农业大学、清华大学、天津大学等10多所国内著名高校建立了合作关系。当前，开封正大力推进种养业供给侧结构性改革专项行动，按照种养结构调优、加工能力调强、经营规模调大、产业链条调长的要求，扎实推进种养业结构调整。衷心希望中国农业大学今后在科技成果转化、农业龙头企业引进、农业生态特色小镇建设、土壤污染防治等方面对开封给予更多支持，推动双方合作打造新亮点。开封各相关部门将增强服务意识，加强与校方的沟通联系，为双方交流与合作开通“绿色通道”，创造更加顺畅便利的协调渠道。

张建华说，中国农业大学与开封开展市校合作13年来，双方结下了深厚友谊，也取得了许多实实在在的成果，特别是中国农业大学开封实验站已成为学校与地方开展产学研合作的重要品牌。目前，学校专利、实用技术成果保有量已超过5 000项，科技成果转移转化的潜力巨大。接下来，中国农业大学将进一步加强与开封的交流对接，以实事求是的态度，确保双方合作项目定一件干一件成一件，推动双方合作取得更大成果。

张建华到开封实验站调研

来源：中国农业大学官网　　时间：2017-01-04

2016年12月30日，副校长张建华带领有关部门负责人到开封实验站调研。

在考察中，张建华一行参观了玻璃温室、试验室、市校合作成果展厅及学生宿舍，对实验站各功能区进行细致调研，听取了实验站常务副站长马占鸿就实验站规划建设和工作情况的汇报，并看望在站工作人员。

张建华肯定，开封实验站自2014年正式投入运行以来，实验站工作人员扎根基层、潜心研究，在人才培养、科学研究、成果转化和服务地方等方面开展的各项工作，取得了不俗的成绩。他希望在今后的工作中，继续保持优良作风，期待以开封实验站为平台，更多地培养当地人才、更好地开展科研创新和更多地产出科研成果。张建华同时也希望参与调研的学校各部门，为基层实验站的建设提供多方面的保障和支撑。

开封市政府副秘书长钟绍明、开封市政府共建办主任韩东明、开封市农林科学研究院副院长赵国建等陪同调研；学校研究生院、科研院、校产办、财务处、继续教育学院、中国农业大学网络发展有限公司有关负责人参加调研。

开封市领导来访　李召虎会见并座谈推进校地合作

来源：中国农业大学官网　　时间：2017-02-23

2月22日下午，开封市委副书记、市委统战部部长黄道功，副市长孙晓红一行来我校访问交流，就进一步深化合作进行了交流座谈。副校长李召虎、中国科学院院士武维华等会见了客人。

李召虎代表学校对黄道功、孙晓红一行表示欢迎，对市委市政府长期以来给予我校开封实验站的支持表示感谢，并肯定了近几年市校合作取得的成效。他表示，我校高度重视开封实验站的建设和发展。学校会进一步深化校地合作，继续探索机制，利用好开封实验站这个平台，更大发挥学校的优势特色，服务地方发展。

黄道功感谢我校为开封市发展做出的支持和指导，高度肯定了双方合作取得的成绩。他表示，开封市高度重视与院校、科研院所的合作，与中国农业大学在多年交流往来中已建立了深厚的友谊，期待在新的形势下，双方能抓住机遇、巩固提升，取得新进展。

孙晓红介绍了开封市作物种植情况、农业发展情况和实验站建设情况等，并提出了合作需求。她说，开封实验站建设工作在大力推进下取得了很好的成果，发挥了重要积极的作用，希望在农产品深加工、农业机械制造领域、设施农业等领域开展更多的合作。未来双方要依托科技力量、成果转化进行内涵式提升、友谊上拓展，整合多方面资源，进一步加强共建。

开封市科技局局长赵文峰、副局长刘伟，市委人才办主任焦艳，市政府市校共建办主任韩东明，河南喜盈门种业公司董事长徐春梅等一道来访。我校科研院常务副院长段留生，农学院院长金危危，我校开封实验站常务副站长、开封市人民政府党组成员兼副秘书长（挂职）马占鸿，科研院副院长兼新农村发展研究院副院长吴海芹，发展规划处副处长李冬梅，研究生院培养处处长王雯，植保学院副院长沈杰，国家玉米改良中心副主任聂秀玲，生物学院教授王喜庆和科研院基地管理处处长高铭宇等参加座谈。

我省新增11家省级新型研发机构

来源：郑州日报　　时间：2017-10-15

为引导和扶持我省新型研发机构发展，记者昨日从河南省科技厅获悉，全省新增11家“河南省新型研发机构”，省会郑州推荐的郑州市物联网产业技术创新研究院、河南华中生物技术研究院“双雄”入选。

河南省2017年确定备案登记的11家“河南省新型研发机构”包括郑州市物联网产业技术创新研究院有限公司、河南华中生物技术研究院、中国农业大学开封实验站、开封市启源先进光源产业技术研究院、洛阳现代生物技术研究院有限公司、清华大学天津高端装备研究院洛阳先进制造产业研发基地、新乡新东微电子研究院有限公司、河南省华隆生物技术有限公司、国家镁及镁合金产品质量监督检验中心（国家镁工程中心鹤壁研发中心）、河南王屋纳米科技有限责任公司、河南隆平高科种业有限公司。

政策规定，对认定的省级以上新型研发机构，在项目建设、用地供应、投融资等方面依法享受国有科研机构待遇，其非营利性科研机构依法享受在企业所得税、房产税等方面优惠政策，且对符合条件的新型研发机构进口科研用品免征进口关税和进口环节增值税、消费税。对新型研发机构上年度非财政经费支持的研发经费支出额度可给予不超过20%、最高1 000万元的补助。

中国农业大学开封实验站科研基地入驻通许县四所楼镇产业园

来源：开封网　　时间：2018-01-29

1月26日，中国农业大学开封实验站科研基地揭牌仪式在通许县四所楼镇产业园举行。

据了解，为了贯彻落实党的十九大精神、实施乡村振兴战略，通许县积极推动中国农业大学开封实验站科研基地入驻四所楼镇产业园河南偌大农业发展有限公司。科研基地的入驻将帮助企业借助市校合作这一平台，依托中国农业大学的人才和技术优势构建现代农业产业体系、生产体系、经营体系，培育和发展通许县种植业资源优势，在传统优势蔬菜品种筛选、新品种培育、农产品深加工、新产品研发、产业链延伸等方面作出积极贡献。

市领导在中国农业大学开封实验站调研时指出：推动市校合作　助力开封腾飞

来源：开封网　　时间：2018-04-24

4月23日上午，市委常委、组织部部长刘汉征，副市长孙晓红来到中国农业大学开封实验站进行调研。

刘汉征一行实地察看了中国农业大学开封实验站小麦试验田、实验室、院士专家工作站等处，详细了解实验站软硬件建设及科研情况。中国农业大学开封实验站作为中国农业大学和开封市政府共建单位，自建成以来，充分利用开封市资源优势，发挥中国农业大学科技和示范带动作用，在人才培养、科研合作等方面取得了良好成效，并吸引了一大批科研人才开展研究。在随后召开的座谈会上，市委人才办、市科技局及与会专家就中国农业大学与开封的进一步合作进行了交流。

刘汉征对中国农业大学开封实验站的建设发展成果给予充分肯定。他说，中国农业大学开封实验站在科研成果、人才培养等方面的工作富有成效，体现了市校合作的成果，展现出了美好前景。今后我们要在扩大市校合作上进一步探索，在合作规模、方式等方面开拓创新，努力将中国农业大学和开封的合作打造成为市校合作新亮点、新示范。开封也将提供更好的环境，引导各类人才发挥作用，助力开封腾飞。

开封市领导调研中国农业大学开封实验站

来源：河南省人民政府官网　　日期：2018-04-27

4月23日上午，市委常委、组织部部长刘汉征，副市长孙晓红来到中国农业大学开封实验站进行调研。

刘汉征一行实地察看了中国农业大学开封实验站小麦试验田、实验室、院士专家工作站等处，详细了解实验站软硬件建设及科研情况。中国农业大学开封实验站作为中国农业大学和开封市政府共建单位，自建成以来，充分利用开封市资源优势，发挥中国农业大学科技和示范带动作用，在人才培养、科研合作等方面取得了良好成效，并吸引了一大批科研人才开展研究。在随后召开的座谈会上，市委人才办、市科技局及与会专家就中国农业大学与开封的进一步合作进行了交流。

刘汉征对中国农业大学开封实验站的建设发展成果给予充分肯定。他说，中国农业大学开封实验站在科研成果、人才培养等方面的工作富有成效，体现了市校合作的成果，展现出了美好前景。今后我们要在扩大市校合作上进一步探索，在合作规模、方式等方面开拓创新，努力将中国农业大学和开封的合作打造成为市校合作新亮点、新示范。开封也将提供更好的环境，引导各类人才发挥作用，助力开封腾飞。

我校开封实验站服务地方向基层延伸　通许教授工作站揭牌

来源：中国农业大学官网　　时间：2018-05-18

5月16日上午，我校新农村发展研究院在河南省通许县举行教授工作站签约、授牌仪式。这是开封实验站服务地方再向基层延伸的又一举措。

学校新农村发展研究院常务副院长胡金有，通许县副县长毛志娟为教授工作站揭牌，通许县县长耿国庆出席仪式并致辞。开封市人民政府副秘书长（挂职）、学校开封实验站常务副站长、植物保护学院教授马占鸿；学校食品学院党委书记张普光，马长伟教授、张泽俊高级工程师等专家，以及开封市政府市校共建办主任、开封实验站党支部书记韩东明、通许县农业局局长周景刚等出席揭牌仪式。

通许县为开封市辖县，地处豫东平原中部，在中原经济区的核心地带和郑汴一体化黄金圈内，起着承东启西、通南达北的枢纽作用。作为河南省农业大县，近年积极推动种植业结构调整并取得显著成绩，逐步形成了“一带、三区、六大生产基地”。

马占鸿介绍，通许教授工作站是继杞县教授工作站之后的又一个落户开封的站点。工作站以为通许提供农业科技支撑和技术服务，促进农业产业升级，延长农业生产链条，提高农产品附加值，促进三产融合发展为目标。期待工作站为地方农业科技人员、涉农企业、新型农业经营主体、广大粮农和贫困户提供科技平台，为当地农业提质增效、农村和农民精准脱贫发挥有效作用；同时期待工作站致力于建成服务学校发展的一个基点，为学校专家教授在科学研究、成果转化、人才培养等方面取得更好成绩提供空间和平台。

新揭牌的通许教授工作站由食品学院马长伟教授、张泽俊高级工程师任负责人，建站后工作重点聚焦在菊花、胡萝卜深加工方面。张普光表示，学院将全力支持和服务马长伟、张泽俊等专家驻站工作。

我校与开封市合作共建15年来，成效显著。特别是2009年市校双方在以“教授挂职”为主要合作模式的基础上建立了校外基地“开封实验站”。近年来，依托开封实验站，研究、探索和创新“市校合作”新模式，主办、协办“开封市领导干部大讲堂”，举办“农业科技大讲堂”十余期，参训3 000多人次，在开封市各县区建立了开封实验站站外科研教学基地14个，近期又组织编撰出版了《开封地区重大农作物病虫识别与防治》。服务开封经济社会发展和农业生产系列举措，获得地方充分认可。

中国农业大学校长柯炳生到中国农业大学开封实验站调研

来源：河南省人民政府官网　　时间：2018-05-18

5月20日下午，中国农业大学校长柯炳生来到中国农业大学开封实验站调研，实地察看实验站建设发展情况。开封市委书记吉炳伟、市长侯红、副市长牛春堡等陪同调研。

当日，柯炳生一行实地察看了中国农业大学开封实验站小麦试验田、实验室、院士专家工作室、教室、专家宿舍等处，详细了解试验站软硬件建设及科研、教学情况。中国农业大学开封实验站作为中国农业大学和开封市政府共建单位，自去年11月底正式启用以来，充分利用开封市资源优势，发挥中国农业大学科技和示范带动作用，在人才培养、科研合作等方面取得了良好成效，并吸引了一大批科研人才来试验站开展研究。

柯炳生对中国农业大学开封实验站的建设发展成果给予充分肯定。他说，中国农业大学多年来与开封保持着良好的市校合作关系，学校一大批科学家都曾在这里从事研究。实验站的建成，为推动市校合作走向经常化、持续化增添了新的载体。下一步，实验站要在提升人气上下功夫，努力吸引中国农业大学更多的科研团队来这里开展研究，同时加强与开封本地及河南省高校的交流合作，使实验站的利用效率最大化；要紧紧围绕开封发展需求开展科研工作，紧紧围绕中原地区的农作物特点开展技术攻关，并积极推动优秀科研成果在开封及河南的转化，努力为加快农业现代化、推动地方经济社会发展做出更大的贡献。

栽下梧桐树 引来新凤凰

——开封市人才工作综述

来源：开封网 时间：2018-10-10

一幅《清明上河图》，用5米长卷描绘了宋代皇都开封的鼎盛繁华。那时的开封，天下神往，匆匆的赶考人，成就了无数神话般的动人创业兴业故事。

时隔千年，历尽沧桑，神韵犹在。如今的开封，以古闻名，以新出彩，吸引了大批优秀人才汇聚这里，以优越的创业创新创富环境，激励着人才军团挥洒才智和心血，智创一个个传奇。

一片土地的历史，其实就是这片土地人才创业的历史。“人丁兴旺”才能“万事亨通”。近年来，开封市委市政府怀着强烈的人才意识，积极创新和完善人才政策机制，大力实施“汴梁英才计划”，以联络一批高校院所、打造一批创业平台、引进一批高端人才、形成一批新兴产业为核心的“四个一”人才工程，正在汴梁大地茁壮成长、开花结果。从“人才政策洼地”到“人才集聚高地”，一批批优秀人才汇聚在一起，凝聚成人才合力，共同促进开封高质量发展。

自2003年以来，开封市与中国农业大学开展市校合作已有15年，探索和实践了农业最高学府与典型中原农区合作的“开封模式”，走出了一条农业高校服务地方经济建设服务社会的新路子。中国农业大学选派教授近20人次到开封市挂职，协调引进北京汇源集团开封有限公司项目等10余项招商引资项目；与市政府共建中国农业大学开封实验站，成为中国农业大学教学、科研实习基地和市校人才培养基地。

中国植物保护学会与中国农业大学开封实验站联合开展主题党日活动

来源：中国植物保护学会　　时间：2019-03-15

为创新基层党组织生活方式，拓宽党建工作阵地，丰富党建工作内涵，3月14日下午，中国植物保护学会办公室党支部书记郑传临、组织委员文丽萍，中国植物保护学会植保系统工程专业委员会党支部书记马占鸿走进中国农业大学开封实验站，与中国农业大学开封实验站党支部联合开展主题党日活动，中国农业大学开封实验站党支部书记韩东明与全体党员参加了活动。

中国植物保护学会办公室党支部书记郑传临介绍了中国植保学会党建基本情况，以及党建与业务深度融合，努力打造党建特色品牌的相关做法。

中国植物保护学会植保系统工程专业委员会党支部书记马占鸿表示，基层党组织之间的联学联建是党务党风建设的重要途径之一，本次专题党日活动为3个支部之间今后合作共建、深入交流搭建了桥梁，进一步增强了党员干部的党性修养。

中国农业大学开封实验站党支部书记韩东明就开封实验站党建工作开展情况做了介绍，希望今后在党建工作中，大家相互学习、相互借鉴、共同提高。

本次活动围绕学习贯彻党的十九大精神和习近平新时代中国特色社会主义思想、党建工作开展情况及特色做法等进行了充分研讨和广泛交流，进一步拓宽了党建工作思路，切实提升了支部党建工作水平。

附录　市校合作大事记

2003年8月，开封市人民政府与中国农业大学签署长期合作协议。

2003年10月，中国农业大学首次选派7名教授挂职开封市县工作。

2004年2月18日，由中国农业大学协调“汇源果汁”落户开封，成立了北京汇源集团开封有限公司。

2004—2005年，中国农业大学挂职通许县副县长刘奇志从中国农业大学引进100余个玉米新品种，引进50多个蔬菜新品种投入通许县农业生产。

2005年4月，通过中国农业大学挂职开封市副市长孙君社组织协调的世界500强企业中国中化集团与开封市达成了全面经济技术合作协议，实现了双方在农资储运、化肥生产、农化服务、产品销售等方面的合作。

2005年6月，中国农业大学挂职尉氏县副县长凌刚组织协调绿色高效水禽养殖加工项目在尉氏县实施。江苏南通水禽养殖加工企业家许秀银先生在尉氏投资9 500万元建设该项目。

2005年10月，中国农业大学选派第二批6名教授挂职开封市县工作。

2006年2月，中国农业大学挂职郊区副区长吴文学争取到国家农业部畜禽防疫体系建设项目，落实资金140万元。

2006年，中国农业大学挂职杞县副县长郑志安组织与中国农业大学合作建设项目，注册资本金500万元；并争取到国家农业综合开发项目资金580万元，进行农产品加工生产及流通项目建设。

2006年7月，中国农业大学挂职副市长孙君社组织从北京引进食用菊新品种7个，共4.5万株，进行试种、扩繁。组织市校两地的技术力量，采用组培、控温技术，建立食用菊花优良品种、种质资源快繁基地。对已生产出的食用菊产品利用开封市独特的饮食文化，开发食用菊花宴；利用汇源果汁加工工艺开发菊花饮品等，从而拉长菊花产业链条，提高菊花综合效益，带动开封市菊花产业向规模化、标准化发展。同时，建立“开封市农业产业链促进中心”试验基地，从北京市农业技术推广站引进樱桃萝卜、五彩菜椒、速生生菜等特色蔬菜和板蓝根、藿香等药用蔬菜十多个品种，用于开发、试种和推广。

2006年，中国农业大学挂职通许县副县长覃兆海为开封县田威生物科技公司引进建成一条年产30吨杀菌剂恶霉灵原药的生产线，年产值400万元。与通许县外贸公司合作建立年产150吨除草剂烯草酮原药的生产线，年产值3 600万元。

2006年，中国农业大学挂职杞县副县长郑志安通过多次与农业部农机化管理司、河南省农机局沟通，协助杞县农机局参与“优质粮食工程”，争取获得国家支持资金100万元。

2007年，中国农业大学挂职杞县副县长郑志安通过多次与农业部科技教育司能源处交流和沟通，协助争取到国家再生能源富民计划沼气工程项目，获得国家支持资金120万元。

2007年，中国农业大学挂职杞县副县长郑志安同志协助中国农业大学与杞县开展合作，对4HSHW型大蒜、花生收获机的样机进行了有效改进。

2007年8月28日，通过中国农业大学校长与开封市有关领导的积极协调，开元旅业集团投资建设的开元名都大酒店正式开业。

2007年11月，中国农业大学选派第三批5名教授挂职开封市县工作。

2008年，中国农业大学挂职兰考县委常委何慧丽争取到中国滋根乡村教育与发展促进会10万元发展资金支持，在全县发展了48个有规模、有实效的老年人协会，以及众多的农村秧歌队、腰鼓队，丰富了农村文化生活。

2008—2009年，中国农业大学挂职通许县副县长徐志强在通许县实施一乡一业一村一品项目，积极促进农业结构调整。在继续保持粮食生产丰收的基础上，引导农民发展特色农业。形成了以练城乡玉皇庙镇为主的温棚黄瓜种植区；以邸阁乡、大岗李乡为主的西瓜种植区；以长智镇、四所楼镇为主的优质苹果种植区。其中，“汴南翠”黄瓜、“天仓”花生获得省名牌产品。

2009年9月26日，中国农业大学与开封市人民政府签署“开封市人民政府与中国农业大学现代农业科技合作协议”。

2010年1月，中国农业大学挂职市长助理李全宏引进龙大集团落户开封，投资2亿元，新建“开封龙大植物油有限公司”。

2010年3月28日，由中国农业大学为主持单位建立的“农民合作与城乡互助型生态农业示范基地”在兰考县南马庄举行启动仪式。

2010年4月，中国农业大学挂职市长助理李全宏协助申报的国家花生产业体系研发分中心落户包公花生油脂股份公司。

2010年8月，市校合作引进河南利华实业发展有限公司投资5亿元，组建河南凯奇蒜业有限公司落户杞县。

2010年10月17日，中国农业大学副校长孙其信与开封市人民政府副市长王载飞签署《中国农业大学开封实验站合作协议》；由副校长孙其信、市委副书记蒋益民共同为“中国农业大学开封实验站”揭牌。

2011年，由开封市无偿划拨土地200亩，其中15亩建设用地已办理土地产权证，185亩试验田无偿使用30年，并将中国农业大学开封实验站列入市政府直属事业单位，并提供财政全供事业编制6个。

2012年8月，面向社会公开招聘6名工作人员到位开展工作。

2013年7月13日，实验站正式开工建设。

2013年9月16日，喻树迅院士和马占鸿教授来汴参加“院士专家开封行”活动，在实验站作学术报告。

2014年11月20日，中国农业大学开封实验站落成典礼暨河南省植物分子生物学院士专家工作站揭牌仪式。

2014年11月21日，“第三次全国植物抗病虫和病害流行与控制学术研讨会”在中国农业大学开封实验站召开。

2014年12月31日，中国农业大学开封实验站成功申报“河南省产业技术创新平台”，获得经费支持200万元。

2014年，中国农业大学开封实验站与晋开集团合作，负责为其完成了500万亩流转土地的整体规划设计，中国农业大学与晋开集团签订合作协议，充分利用中国农业大学在科技、教育、人才、信息和农业新品种、新技术及养殖、加工等方面的技术资源优势和晋开化工投资控股集团现有资金优势，有效推进中原地区科技农业、高效农业、景观农业、精准农业园区的发展，打造别具特色的农业产业化项目样板园区。

2014年，中国农业大学开封实验站与四川圣桦投资有限公司签署合作协议，以建立农业会展中心为平台，在未来发展中实现教学实践结合、科研产业结合、人才管理结合，建立长期战略目标，促进中原地区高科技推广与示范，为中原地区农业科技建设提供强有力的人才和技术支撑。

2014年，中国农业大学开封实验站与开封农业产业促进中心合作，流转土地5 000亩，作为中国农业大学开封实验站科技示范基地，以解决科研与推广土地不足问题，努力打造农业高科技转化示范亮点。

2015年5月20日，中国农业大学校长柯炳生为开封市领导干部大讲堂授课，并到中国农业大学开封实验站了解建设情况，开封市委书记吉炳伟、市长侯红、副市长牛春堡等陪同视察。市校双方领导提出：“要把中国农业大学开封实验站建成全国一流的实验站，打造成开封的一张名片。”

2015年6月25日，中国农业大学开封实验站大蒜深加工研发中心在杞县潘安食品有限公司成立。

2015年7月9日，中国农业大学开封实验站举办中国农业大学青年教师社会实践学术交流会和市校合作共建12周年羽毛球交流赛。

2016年2月19日，开封市科协为中国农业大学开封实验站开封市科普教育基地授牌。

2016年3月29日，中国工程院院士、浙江省农业科学院院长陈剑平受中国农业大学开封实验站邀请作题为“农业综合体：三农发展新模式”的专题报告。

2016年3月30日，清华大学鲁巍教授到中国农业大学开封实验站参观指导。

2016年3月24日，中国农业大学开封实验站科研基地在河南天河农业发展有限公司挂牌。

2016年7月13日，河南省科技厅党组成员、副厅长夏培臣到中国农业大学开封实验站指导工作。

2016年9月4日，中国农业大学开封实验站第一期农业科技大讲堂举行，马占鸿作题为“植物保护基础知识”的专题报告。

2016年9月18日，全国人大常委会副委员长、中国科学院院士、中国农业大学教授武维华莅临中国农业大学开封实验站视察指导工作。

2016年9月22日，中国农业大学开封实验站第二期农业科技大讲堂顺利举行，中国农业大学高丽红教授作报告。

2016年10月18日，中国农业大学副校长张建华到中国农业大学开封实验站视察指导工作。

2016年10月20日，河北省涿州市政府代表团到中国农业大学开封实验站考察。

2016年10月29—30日，中国农业大学开封实验站第三、第四、第五期农业科技大讲堂顺利举行，中国农业大学教授王贺祥、马会勤、任华中分别作专题报告。

2016年12月29日，中国农业大学副校长张建华代表中国农业大学参加市校合作座谈会，开封市委书记吉炳伟、市长侯红、副市长牛春堡等出席会议。

2017年2月15日，开封市科协主席葛艳丽到中国农业大学开封实验站视察工作。

2017年3月3日，中国农业大学河南杞县教授工作站揭牌成立。

2017年4月8日，开封市金明小学晨曦中队到开封实验站开展科普教育活动。

2017年7月26日，新型职业农民培育师资人员到中国农业大学开封实验站站观摩指导。

2017年9月21日，农作物病虫害遥感监测技术高端前沿研讨会到中国农业大学开封实验站顺利召开。

2017年12月5日，中国农业大学开封实验站试验基地在广宽合作社挂牌成立。

2018年1月8日，开封市政府发展研究中心和中国农业大学开封实验站党支部联合开展主题党日活动。

2018年1月26日，中国农业大学开封实验站科研基地在通许偌大公司正式揭牌。

2018年2月2日，开封市求实中学到中国农业大学开封实验站开展学习实践活动。

2018年4月23日，开封市组织部刘汉征部长到中国农业大学开封实验站调研工作，孙晓红副市长陪同调研。

2018年5月16日，中国农业大学开封实验站组织编写《开封地区重大农作物病虫防治与识别》，由中国农业科学技术出版社正式出版。

2018年5月16日，中国农业大学通许教授工作站正式签约授牌。

2018年7月16日，中国农业大学水利学院严海军院长到中国农业大学开封实验站参观考察。

2018年9月28日，开封市组织部宣教科到中国农业大学开封实验站参观学习。

2018年11月18日，中国农业大学梨树实验站到站参观学习。

2019年1月30日，开封市金明小学到中国农业大学开封实验站开展科普教育活动。

2019年3月14日，中国植物保护学会办公室党支部、中国植保学会植保系统工程专业委员会党支部、中国农业大学开封实验站党支部联合开展主题党日活动。

2019年3月15日，开封市通许县人民政府副县长毛志娟到中国农业大学开封实验站参观指导。

2019年4月26日，湖北格林凯尔精准农业研究院一行来中国农业大学开封实验站考察。

2019年6月30日，中国农业大学开封实验站第十一期农业科技大讲堂顺利举行，曹昊博士作专题报告。

2019年10月25日，开封市纪检组组长袁晓武到中国农业大学开封实验站视察指导工作。

2019年12月4日，马占鸿站长为开封高级中学学生及家长代表作农业科普讲座，并为该校授予“中国农业大学优质生源基地”称号。

2021年2月19日，经中国农业大学、开封市人民政府共同研究决定：任命赵紫华同志为中国农业大学开封实验站站长；任命宋伟彬同志为中国农业大学开封实验站副站长；马占鸿同志不再担任中国农业大学开封实验站站长。

附　图

一、历史沿革

2005 年 4 月 8 日，中国农业大学在汴挂职科技副县（区）长座谈会

2009 年 7 月，开封市人民政府、中国农业大学合作签字仪式

2010 年 10 月，开封市副市长王载飞、中国农业大学副校长孙其信
签订中国农业大学开封实验站共建协议

2010 年 10 月，开封市委副书记蒋益民、中国农业大学副校长孙其信为开封实验站揭牌

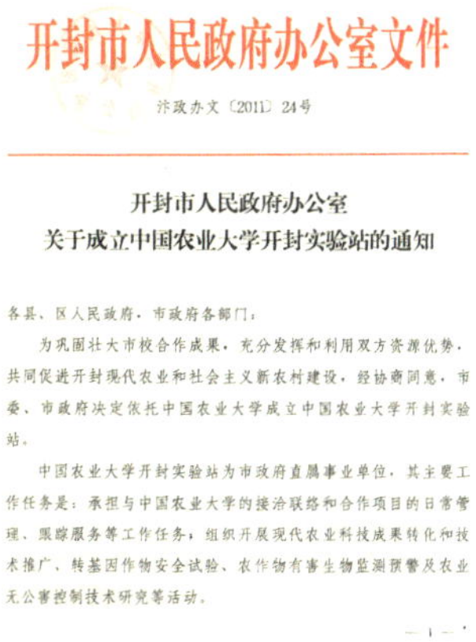
开封市人民政府办公室文件

汴政办文〔2011〕24号

开封市人民政府办公室
关于成立中国农业大学开封实验站的通知

各县、区人民政府，市政府各部门：

为巩固壮大市校合作成果，充分发挥和利用双方资源优势，共同促进开封现代农业和社会主义新农村建设，经协商同意，市委、市政府决定依托中国农业大学成立中国农业大学开封实验站。

中国农业大学开封实验站为市政府直属事业单位，其主要工作任务是：承担与中国农业大学的接洽联络和合作项目的日常管理、跟踪服务等工作任务；组织开展现代农业科技成果转化和技术推广、转基因作物安全试验、农作物有害生物监测预警及农业无公害控制技术研究等活动。

— 1 —

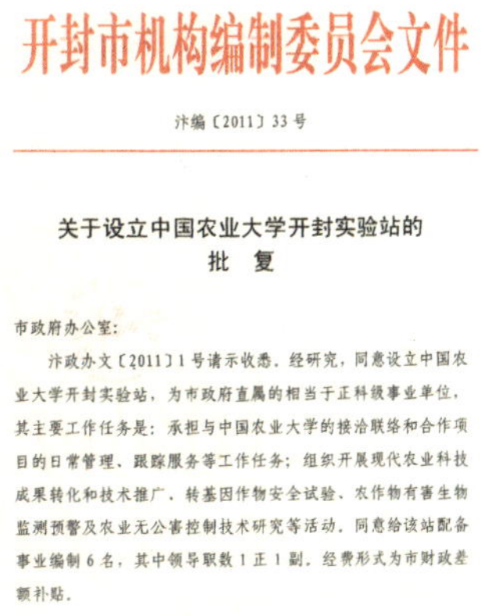
开封市机构编制委员会文件

汴编〔2011〕33号

关于设立中国农业大学开封实验站的
批 复

市政府办公室：

汴政办文〔2011〕1号请示收悉。经研究，同意设立中国农业大学开封实验站，为市政府直属的相当于正科级事业单位，其主要工作任务是：承担与中国农业大学的接洽联络和合作项目的日常管理、跟踪服务等工作任务；组织开展现代农业科技成果转化和技术推广，转基因作物安全试验、农作物有害生物监测预警及农业无公害控制技术研究等活动。同意给该站配备事业编制6名，其中领导职数1正1副。经费形式为市财政差额补贴。

2011 年开封市人民政府和市编办批复开封实验站成立文件

2012 年 12 月 16 日，中国农业大学党委书记瞿振元与开封市主要领导
共同为开封实验站科研综合楼奠基

2014 年 11 月 20 日，开封市市长吉炳伟、中国农业大学副校长李召虎
共同为开封实验站科研综合楼落成启用揭牌

二、领导重视

2014 年 6 月 18 日，开封市市长吉炳伟到站调研

2014 年 7 月 23 日，中国农业大学书记姜沛民，副校长、实验站站长李召虎，
李自超教授到站指导

2015 年 5 月 20 日，中国农业大学校长柯炳生及开封市领导视察实验站

2016 年 12 月 30 日，中国农业大学副校长张建华到实验站调研

三、基地概况

实验站建设地块原貌

实验站现貌（综合楼）

实验站现貌（试验田）

智能玻璃温室

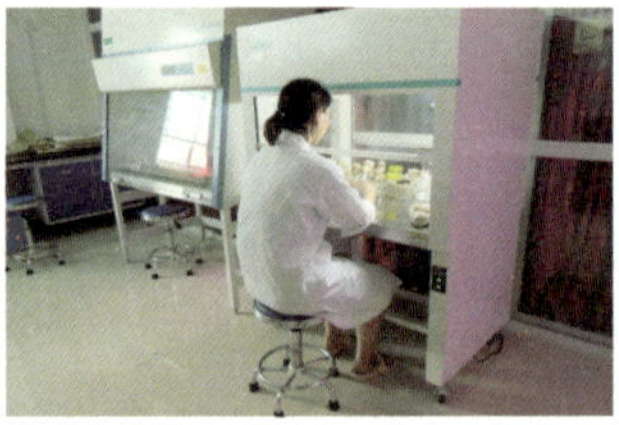
实验室

报告厅

会议室

教室

自习室

教师宿舍

学生宿舍

食堂

2017 年 3 月 3 日，中国农业大学河南杞县教授工作站揭牌仪式

2018 年 1 月 26 日，中国农业大学开封实验站通许科研基地揭牌仪式

2018 年 5 月 16 日，中国农业大学新农村发展研究院、河南通许教授工作站签约授牌

实验站站外基地——岳家湖千菊实业有限公司

实验站站外基地——河南瑞通灌溉设备有限公司

实验站站外基地——晋开四季美生态庄园

实验站站外基地——广宽合作社

实验站站外基地——金土地农业合作社

实验站站外科研基地——天河农业公司

实训基地——中国菊园

四、专家风采

2006 年 3 月 15 日，中国农业大学副教授何慧丽（挂职开封市禹王台区副区长）品尝大米

2006 年 3 月 25 日，中国农业大学教授孙君社（挂职开封市副市长）在杏花营农场调研

2006 年 11 月 24 日，中国农业大学教授孙君社（挂职开封市副市长）在通许调研

2006 年 11 月 24 日，中国农业大学教授
孙君社（挂职开封市副市长）在兰考调研

2007 年 12 月 19 日，中国农业大学教授
李全宏（挂职开封市长助理）在通许调研

2011 年 7 月 1 日，尉氏县岗李乡新农村建设座谈会

中国科学院武维华院士到站指导玉米试验

中国农业大学王化琪教授到站指导水稻试验

中国农业大学教授、实验站站长马占鸿田间指导小麦、玉米锈病试验

中国农业大学王海光副教授田间指导试验

中国农业大学简恒教授田间指导试验

五、服务地方

2006 年 7 月 25 日，大禹论坛

2017 年 5 月 16 日，广东东莞海关与河南兰考南马庄举行购米包地签字仪式

2008 年 7 月，开封市兰考县仪封乡农民生产合作联社成立仪式现场

2009 年 1 月 17 日，送科技下乡、建农家书屋

兰考陈寨村文艺队在焦桐前表演丰收腰鼓

贺村老年人协会打花棍

金明小学晨曦中队科普教育活动

求实中学科普教育活动

引进龙头企业落地开封

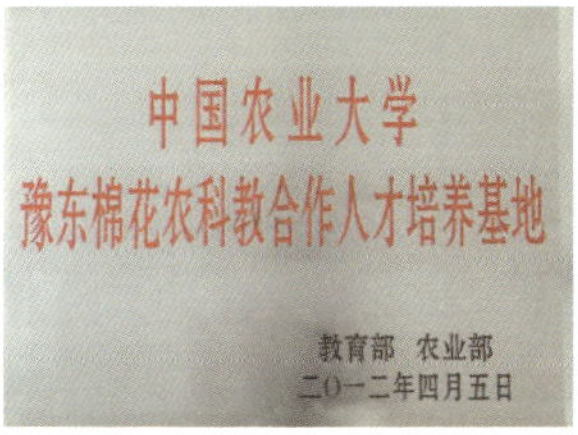

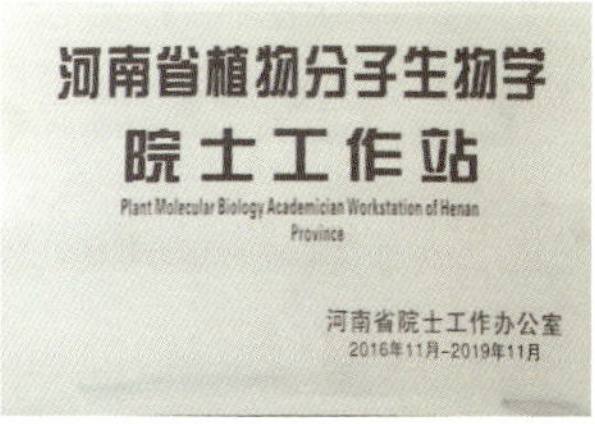

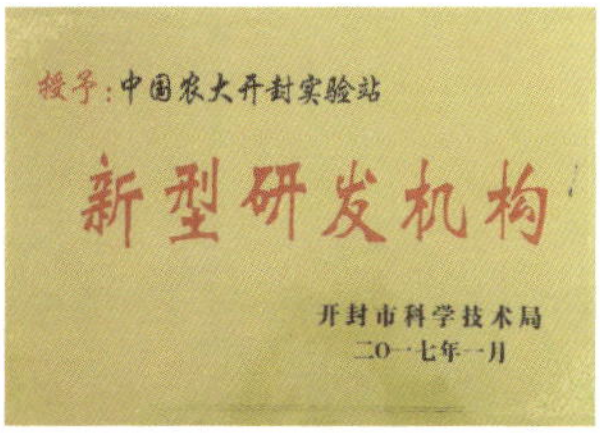

中国农业大学开封实验站荣获的各级政府授牌

2014 年 7 月 24 日，中国农业大学党委书记姜沛民和副校长李召虎考察晋开集团

2016 年 8 月 11 日，中国农业大学孟祥彬教授参与黄河滩区开封段都市农业规划